MÉTODO MONTESSORI
na educação dos filhos

Tim Seldin
Presidente da Fundação Montessori

MÉTODO MONTESSORI
na educação dos filhos

Guia prático para estimular
a criatividade, a autoestima e
a independência das crianças

2ª edição

sumário

6 Introdução

Por que Montessori?

10 Os altos e baixos dos cuidados parentais
12 O que é Montessori?
14 Os períodos sensíveis para o aprendizado
18 Como se desenvolve o cérebro de uma criança
20 A magia das escolas montessorianas
24 Desde o início
32 O bebê em crescimento
34 Uma casa receptiva para os filhos
36 Plano do primeiro quarto ideal
40 Adaptação da casa à criança em crescimento
48 Preste atenção e acompanhe seu filho

Descoberta por meio dos sentidos

52 Construção da percepção sensorial
54 Como os bebês experimentam seu mundo
58 A cesta de tesouros
62 Atividades sensoriais que ajudam as crianças a aprender

Deixe que eu faça

78 Ajude-me a fazer sozinho
80 Crianças adoram trabalhar e brincar
88 Aprender a usar o banheiro
94 A arte de se vestir
100 Ajudar nas tarefas da casa

Como manter a paz

110 Criação de um clima afetuoso
114 Descoberta de um estilo parental comum

116 Enfrentar mudanças na família
118 Evitar ataques de birra
124 Uma abordagem positiva à disciplina
128 Compreender a personalidade do seu filho
132 Lições de educação e cortesia
136 Solucionar problemas na mesa da paz
140 Assumir o controle da televisão
142 Administrar o tempo de tela

Explorar o resto do mundo

146 Crianças são pequenos cientistas
150 Trabalhar no jardim da família
154 Caminhar na floresta
158 Fazer um museu da natureza
160 Brincadeiras de festa inspiradas na natureza
164 Dar vida às culturas
168 Uma festa de aniversário montessoriana

O melhor momento para aprender

174 As bases do aprendizado
182 O caminho da escrita até a leitura
188 Os primeiros passos na matemática
192 Experiências científicas em casa
196 Desenvolvimento de funções executivas
198 O método Montessori é adequado para seu filho?

202 Encontre uma atividade
204 Índice remissivo
207 Créditos
208 Referências e agradecimentos

Método Montessori na criação dos filhos

Introdução

Não consigo me lembrar de uma época em que eu não estivesse envolvid
no mundo de Montessori – para mim, esse é um modo de vida.

Este livro é uma compilação da minha própria experiência – como criança, como pai, como orientador montessoriano e como um tipo de instrutor para muitas famílias que buscaram uma maneira melhor de criar seus filhos com um espírito de bondade, parceria e respeito. Muito do que aprendi veio das minhas observações e de prestar atenção no que meus filhos diziam – e também nos meus erros.

Ser pai ou mãe é um trabalho de tempo integral. Já se foi o tempo em que criar uma família parecia coisa simples. As mães ficavam em casa cuidando das crianças, enquanto os pais saíam para trabalhar. Em geral as crianças eram obedientes, mesmo que o único motivo para isso fosse o fato de que seus pais as mantinham em rédea curta quanto às suas atividades, com as devidas e severas punições caso saíssem da linha.

Hoje em dia, existem todos os tipos de famílias – mães solteiras que trabalham fora, pais que cuidam da casa, famílias em que as crianças têm duas mães ou dois pais e famílias com três ou mais gerações que vivem juntas. Em muitas famílias, o pai ou a mãe não está em casa o dia todo; ambos os pais podem ter uma carreira ou algum negócio,

ou talvez eles tenham que trabalhar apenas para consegu
pagar as contas no fim do mês. Filhos pequenos podem s
cuidados por um dos pais ou avós, por uma babá em cas
por uma *babysitter*, ou em uma creche ou escola.

Em muitos países, o divórcio é ocorrência comum.
Muitos pais fazem malabarismos com suas responsabil
dades de trabalho e os cuidados com os filhos em uma
família monoparental, ou moram em lares separados m
compartilham a criação dos filhos, na tentativa de
proporcionar estabilidade e consistência para eles.

Entretanto, recebemos lembretes constantes pela
internet, pela televisão e pela mídia em geral de que o
ambiente e as experiências corretos são superimportante
para bebês e crianças pequenas. Aprendemos que o cére
das crianças está programado para aprender, mas apena
for estimulado desde a mais tenra idade. Como se antes
não nos sentíssemos suficientemente culpados, agora ter
também de nos preocupar se somos ou não bons o bast
como pais-educadores de filhos na primeira infância.

A maioria de nós almeja proporcionar aos nossos fi
o melhor ambiente familiar possível, dentro dos limites
nosso tempo e recursos. Também é verdade que cada p

Introdução

"A maioria de nós almeja proporcionar aos nossos filhos o melhor ambiente familiar possível."

[...] mãe é um educador. A missão que assumimos não [con]siste simplesmente em alimentar, acalentar e proteger [os] filhos. Também precisamos ensiná-los a se tornarem [ad]ultos independentes, autoconfiantes e bem-sucedidos, [qu]e sejam felizes e se sintam plenos em suas vidas. [Em]bora essa caminhada se prolongue por anos, nos dá [...] uma ideia de para onde estamos indo e por que [faz]emos o que fazemos ao longo do processo.

[...] Se você tem um filho pequeno e está ansioso por [t]er uma nova perspectiva e algumas sugestões práticas, [ent]ão este é o livro. Além de estar repleto de ideias para [ativ]idades em conjunto, ele traz também a mensagem de [qu]e a vida pode ser celebrada. As pequenas ações do dia [a di]a que podemos fazer para marcar ocasiões especiais e [a]firmar nosso amor mútuo podem fazer toda a [dife]rença no mundo, tanto para seu filho como para sua [pró]pria vida.

Tim Seldin
Presidente, Fundação Montessori

Os altos e baixos dos **cuidados parentais**

o passadas como se fossem um livro de receitas com gestões detalhadas sobre o que fazer em situações pecíficas, em vez de oferecerem uma abordagem rangente e sistemática para a criação de filhos.

ma abordagem diferente

Minha vida foi profundamente influenciada pelo trabalho uma mulher brilhante: Maria Montessori. Quando criança, quentei uma escola maravilhosa inspirada em seu trabalho como adulto, tive o privilégio de ensinar e depois liderar a mesma escola por 25 anos. A mensagem de Montessori s ideias e estratégias práticas que ela ensinou influencia-n centenas de milhares, senão milhões, de pais e filhos em do o mundo. A abordagem montessoriana é mais hecida nas escolas que levam seu nome, mas é igual-nte útil e fácil de adotar em nossas próprias casas.

Os princípios de Montessori para trabalhar com anças se fundamentam em uma abordagem holística e começa desde o nascimento (ou o mais cedo possível) desenvolve ao longo dos anos à medida que as anças se tornam mais maduras. Compreendida retamente, essa abordagem tem a vantagem de cionar muito bem com uma ampla gama de crianças. É sistema completo que tem sido testado nos últimos n anos e que pode ser implementado como um todo ou parte. Experimente: você vai ver que ele funciona para ê também.

Para tanto, não é preciso se tornar um professor ntessoriano, nem há necessidade de transformar sua a em uma escola montessoriana. Mas, ao implementar aior número possível de sugestões deste livro em sua a e na vida de sua família, acredito que você irá se nar mais eficaz como pai ou mãe e mais capacitado a a construção de uma casa cheia de calor, amor, dade e respeito.

Testando limites
À medida que as crianças começam a demonstrar seu impulso pela independência, ficam cada vez mais evidentes os desafios da paternidade e da maternidade.

11

Por que **Montessori?**

O que é
Montessori?

Cem anos atrás, uma jovem italiana desenvolveu uma nova abordagem à educação que tem como fundações o encorajamento e o respeito.

Maria Montessori nasceu em 1870 na Itália, um país que, naquela época, era particularmente conservador em sua atitude com relação às mulheres. Apesar de muitos obstáculos, Maria Montessori foi a primeira mulher italiana a se formar em medicina. Depois de formada, passou a ensinar na faculdade de medicina da Universidade de Roma, e, em seus atendimentos gratuitos, frequentemente tinha contato com os filhos dos pobres. Por meio de seu trabalho, ficou convencida de que toda

> "A obra de Maria Montessori continua viva. Sua abordagem sistemática pode ser replicada e mantida em praticamente qualquer situação."

criança nasce com um potencial humano incrível, que apenas poderá se desenvolver se os adultos propiciarem às crianças a estimulação correta durante seus primeiros anos de vida.

Em 1907, ansiosa para demonstrar seu ponto de vista, Montessori começou a trabalhar na supervisão de uma creche para crianças da classe trabalhadora ainda muito jovens para frequentar a escola. Localizada em uma das piores favelas de Roma, a creche se tornou sua primeira Casa dei Bambini, ou "casa das crianças". Por serem criadas com pouca atenção e em condições péssimas, muitas das crianças da casa eram agressivas, impacientes, desordeiras.

Montessori começou seu trabalho ensinando as crianças maiores a ajudar nas tarefas do dia a dia. Para sua surpresa, as crianças com 3-4 anos demonstravam grande prazer em aprender as tarefas práticas da vida. Logo essas crianças estavam cuidando da escola, ajudando a preparar e servir as refeições e a manter um ambiente imaculado. Seu comportamento mudou de crianças maltrapilhas que corriam soltas pelas ruas para modelos de gentileza e cortesia.

O que é **Montessori?**

mundo da criança

Montessori percebeu que crianças pequenas experi-
entam uma sensação de frustração em um mundo feito
ra os adultos. Assim, a educadora mandou fabricar
ros e tigelas em miniatura e conseguiu facas que se
caixavam nas minúsculas mãos das crianças. Além
sso, Montessori pediu a carpinteiros que construíssem
esas e cadeiras de tamanho infantil e suficientemente
es para que pudessem ser movidas pelas crianças sem
ajuda de um adulto. As crianças adoravam se sentar no
ão, então Montessori providenciou pequenos tapetes
ra definir suas áreas de trabalho, e rapidamente as
anças aprenderam a caminhar com cuidado ao redor
s tapetes, em lugar de perturbar o trabalho uns dos
tros.

Depois de gastar inúmeras horas na observação e
eração com as crianças, Montessori concluiu que elas
ssam por vários estágios distintos de desenvolvimento
r p. 14-17), cada um deles caracterizado por inclina-
es, interesses e maneiras de pensar específicos.
scobriu também que as crianças têm uma lógica
pria a cada estágio de desenvolvimento, assim como
tas atividades preferidas e tendências naturais de
mportamento.

Montessori observou que as crianças respondem a
ambiente tranquilo e ordenado, em que tudo tem seu
ar definido. A educadora observou as crianças
endendo a controlar seus movimentos e percebeu seu
agrado quando perturbavam a calma ao tropeçar ou
xar cair alguma coisa. Ela lhes proporcionou a
rtunidade de desenvolver seu senso de independência
conheceu seus níveis crescentes de autorrespeito e de
fiança, à medida que eram ensinadas e encorajadas a
er as coisas por si próprias.

Um novo começo
Maria Montessori adotou uma abordagem científica para a
educação, com o desenvolvimento de equipamentos e a
observação das crianças enquanto trabalhavam com eles.

Apelo internacional

A primeira Casa dei Bambini obteve aclamação
instantânea e suscitou interesse no mundo todo. Como
cientista internacionalmente respeitada, Montessori tinha
uma rara credibilidade e capturou o interesse de líderes
nacionais e cientistas, líderes trabalhistas e donos de
fábricas, professores e mães. Ela abandonou a medicina
para se dedicar totalmente à supervisão da disseminação
das escolas Montessori ao redor do mundo. Defensora
incansável dos direitos e do potencial intelectual de todas
as crianças, Montessori continuou a desenvolver programas, como o "Educação e Paz", até sua morte em 1952.
Ainda hoje, a obra de Maria Montessori continua viva. Sua
abordagem sistemática pode ser replicada e mantida em
praticamente qualquer situação Algumas pessoas são
atraídas pelo comportamento calmo e responsável
mostrado por esses alunos e apreciam seu amor pela
aprendizagem. Outras aplaudem a liberdade, a espontanei-
dade e a independência que o método Montessori oferece
às crianças pequenas.

Por que **Montessori?**

Os períodos sensíveis para o aprendizado

As crianças passam por "períodos sensíveis" em que estão preparadas para aprender; e algumas dessas oportunidades não mais se repetem.

Maria Montessori percebeu que as crianças passam por estágios de interesse e curiosidade intelectuais – que ela chamou de "períodos sensíveis" – em que ficam intrigadas e absorvidas por aspectos particulares do seu meio ambiente. É importante que entendamos esse processo, porque cada etapa representa uma oportunidade que, se aproveitada, poderá influenciar profundamente o desenvolvimento de nossos filhos.

Montessori identificou vários períodos sensíveis distintos, desde o nascimento até os 6 anos (ver p. 16-17). Cada um deles se refere a uma predisposição para a aquisição de características específicas pela criança.

> "Durante um período sensível, as crianças ficam intrigadas por algum aspecto de seu ambiente."

Período sensível é uma espécie de compulsão que motiva uma criança pequena a se concentrar atentamente em algum aspecto específico de seu ambiente, dia após dia, sem cansar nem ficar aborrecida. Por exemplo, durante primeiros anos de vida, as crianças estão em um período sensível para a linguagem. Prestam muita atenção ao que dizemos e como dizemos, e, antes que percebamos, estão falando o nosso idioma – e com entonação parecida. Evidentemente, esse é um mecanismo biológico e inato em crianças, o qual as ajuda a desenvolver habilidades e talentos que são parte intrínseca de nossa herança como seres humanos.

Base para o aprendizado

Inevitavelmente, o início e o final de cada período sensível diferem de criança para criança; por isso, devemos observar atentamente e responder individualmente aos nossos filhos. É preciso ter em mente que o aprendizado de nossos filhos durante esses estágios iniciais é a base sobre a qual será construída grande parte do que se seguirá. Quando pais e professores identificam

Por que Montessori?

Por que **Montessori?**

Os altos e baixos dos cuidados parentais

Crianças são um dos maiores presentes da vida – mas criá-las felizes e afetuosas neste mundo moderno pode ser um verdadeiro desafio para qualquer mãe ou pai.

A conexão com nossos filhos se forma antes mesmo do nascimento e dura por toda a vida. Ao longo dos anos, estamos ao lado deles quando aprendem a sorrir, engatinhar, pronunciar as primeiras palavras, ao darem os primeiros passos... Juntos, cumprimos os marcos na sua jornada para a vida adulta. Nem sempre é fácil a vida com crianças. Juntamente com os abraços e as carícias, compartilhamos as noites sem dormir, as ocasiões em que estão doentes, seus ataques de birra e brigas com irmãos, e os inúmeros outros desafios de ser pai ou mãe. À medida que o tempo passa, fica a impressão de que nossos filhos nos conhecem melhor do que nós mesmo nos conhecemos. Logo aprendem quais os botões que devem apertar para nos irritar e as maneiras de melhor nos manipular para que cedamos em alguma coisa que eles desejam. Há momentos em que desejamos que nossos filhos viessem com um "manual para os pais".

Não é raro que os pais demonstrem insegurança com relação ao modo de criar filhos gentis nesse mundo moderno. Em toda parte, nossos filhos veem e ouvem outras crianças dando respostas insolentes a seus pais, brigando no parquinho e dizendo coisas cruéis umas para as outras. São muitas as orientações para os pais, mas parece que a maioria delas não funciona muito bem. Em parte, isso ocorre porque, muitas vezes, tais orientações

Conectados por toda a vida
Desde que nascem, os filhos se tornam o foco do nosso amor e atenção, formando um vínculo que se estenderá até a vida adulta.

Os períodos sensíveis **para o aprendizado**

iram partido dos períodos sensíveis pelos quais as
anças passam, podem se tornar mais efetivos no apoio
ua aprendizagem e desenvolvimento.

portunidade limitada

Durante um período sensível, as crianças podem
ender coisas novas, dominar novas habilidades, ou
envolver quase inconscientemente aspectos de suas
pacidades cerebrais. No entanto, os períodos sensíveis
o estados transitórios. Depois que a criança dominou a
bilidade ou o conceito em que estava absorvida, o
íodo sensível parece desaparecer; então, se as crianças
o forem expostas à experiência e estimulação corretas
momento certo, a oportunidade de aprender passará.
habilidades ainda poderão ser aprendidas, mas talvez
o exija anos de trabalho e treinamento árduo. É por isso
e aprender um ou mais idiomas, por exemplo, é tarefa
ativamente fácil para crianças de 2 e 3 anos, quando
ão em um período sensível para a linguagem, mas se
na muito mais difícil para a maioria de nós, como
ltos.

O CÉREBRO DE SEU FILHO

Os cientistas demonstraram que as experiências
durante períodos sensíveis de desenvolvimento
mudam os circuitos do cérebro. Constroem-se
padrões de conexões que se tornam parte do
"cenário estável" do cérebro – o qual é o alicerce
para a aprendizagem e o comportamento futuros.

Um tempo para aprender
Se receberem o estímulo certo no momento ideal, as crianças são
capazes de aprender de maneira quase inconsciente.

15

Por que **Montessori?**

NA PRÁTICA Períodos sensíveis (nascimento-6 anos)

Alguns chamam esses estágios sensíveis de "períodos de poder". Montessori acreditava que eles deveriam ser incentivados, não só para o desenvolvimento cognitivo, mas também para a felicidade da criança.

Movimento
nascimento-1 ano
Os movimentos aleatórios do seu bebê se tornam coordenados e controlados quando ele aprende a agarrar, tocar, virar, se equilibrar, engatinhar e andar.

Linguagem
nascimento-6 anos
Começando com a prática de arrulhos e sons, seu bebê evolui desde balbucios até a pronúncia de palavras, frases e, em seguida, orações.

Ordem
6 meses-4 anos
Este estágio se caracteriza pelo amor d seus filhos às rotinas e pelo desejo por consistência e repetição. Tudo deve ter próprio lugar.

Objetos pequenos
1-4 anos
Seu filho terá imenso prazer em manipular objetos pequenos e perceber pequenos detalhes conforme a coordenação mão-olho ficar cada vez mais refinada.

Treinamento de banheiro
18 meses-3 anos
À medida que o sistema nervoso de seu filho ficar mais bem desenvolvido e integrado, ele conseguirá controlar a bexiga e o intestino.

Música
2-6 anos
Quando a música faz parte de sua vida cotidiana, seu filho mostrará interesse espontâneo no desenvolvimento do volume, ritmo e melodia do som.

Os períodos sensíveis **para o aprendizado**

ntileza e cortesia
anos

filho adorará imitar um comportamen-
ducado e atencioso – o que
moverá a internalização dessas
idades em sua personalidade.

Sentidos
2-6 anos

A educação sensorial começa já no nascimento, mas, a partir dos 2 anos, seu filho será
absorvido por experiências sensoriais (visões,
sons, sensações táteis, sabores e cheiros).

Escrita
3-4 anos

Montessori descobriu que a escrita
precede a leitura, e começa com as
tentativas de reproduzir letras e números
com lápis e papel.

ura
anos

rianças demonstram interesse
ntâneo pelos símbolos e sons que eles
esentam – logo começam a pronunciar
ras.

Relações espaciais
4-6 anos

À medida que as crianças passam a
compreender as relações espaciais,
começam a resolver quebra-cabeças
complexos.

Matemática
4-6 anos

Montessori encontrou um jeito de
proporcionar às crianças uma experiência
matemática concreta no período de
sensibilidade para números e quantidades.

Por que **Montessori?**

Como se desenvolve o cérebro de uma criança

Durante os primeiros seis anos, o cérebro da criança se desenvolve em um ritmo muito mais acelerado do que em qualquer outro momento da infância e adolescência.

Atualmente, há consenso generalizado entre os cientistas de que, desde o nascimento, o cérebro de uma criança se desenvolve de maneiras previsíveis e incrivelmente responsivas ao ambiente no qual ela vive. O cérebro vem equipado para adquirir habilidades como a linguagem, mas todo o seu crescimento e mudanças são provocados por estímulos externos. Durante esses primeiros anos críticos, qualquer evento a que a criança seja exposta em casa e em situações de grupo determinará as bases para tudo o que se seguirá.

Maria Montessori documentou a forma como as crianças se desenvolvem ao observar cuidadosamente crianças desde o nascimento até os 6 anos. Mais de cem anos depois, suas conclusões são confirmadas por novas técnicas de pesquisa cerebral com crianças pequenas. A ressonância magnética revela as evidências ocultas de como o cérebro em desenvolvimento responde à estimulação intelectual e sensorial mediante o estabelecimento de caminhos neurais e a construção de redes

Conversa feliz
"Manhês" descreve a fala cantarolada empregada naturalmente pelas mães com seus bebês. A ciência mostrou que esses são os sons que os bebês ouvem melhor.

Como se desenvolve o **cérebro de uma criança**

mplexas e duradouras. Durante esses anos, as crianças renderão naturalmente – desde que estejam no biente correto, sejam incentivadas e tenham as ortunidades certas.

ciência do cuidado infantil

O que as crianças realmente precisam, além de boa ição e bons períodos de sono ao longo de seus neiros seis anos de vida? As pesquisas informam que:
Os desenvolvimentos intelectual, emocional e social estão rligados. O desenvolvimento do cérebro fica otimizado ndo as crianças se sentem amadas, seguras e protegidas. arinho e o conforto lançam as fundações que ajudam as nças a lidar com o estresse na vida adulta.
xperiências sensoriais que usam a visão, a audição, o , o paladar, o olfato e os movimentos estimulam as células nervosas, presentes no cérebro desde o nascimento, para que se liguem e construam conexões permanentes.
• Montessori sugeriu que o cérebro era "feito à mão", graças à exploração e manipulação das coisas pela criança em seu ambiente. A ciência confirma essa suposição: a atividade física reforça a produção de células no hipocampo, uma parte do cérebro com papel fundamental na memória e no aprendizado.
• O tamanho do vocabulário de uma criança é um preditor crítico para o sucesso na escola. Desde o nascimento, os bebês aprendem sons de seu próprio idioma. Falar, ler e cantar com elas são atividades que enriquecem seu vocabulário.
• O cérebro se desenvolve de maneiras previsíveis, mas cada cérebro e criança são únicos. As crianças precisam de pais que fiquem atentos a seus sinais, ritmos e estados de espírito – e que respondam a eles de maneira apropriada.

Habilidades motoras
Enquanto as crianças desenvolvem habilidades motoras e controle muscular, seus cérebros formam conexões neurais.

Por que **Montessori?**

A magia das escolas montessorianas

A mensagem montessoriana continua tão significativa hoje como no passado e tem prosperado em escolas de todo o mundo.

Crianças que são tratadas com respeito e encorajadas a tentar novas habilidades aprendem mais rapidamente a fazer coisas por si próprias. Montessori ensinou que uma criança que se sente respeitada e competente desenvolverá um nível muito maior de bem-estar emocional do que outra criança que seja simplesmente amada e admirada.

Os professores montessorianos compartilham a convicção de que o sucesso na escola está diretamente ligado ao grau em que as crianças acreditam ser seres humanos capazes e independentes. Ensina-se às crianças pequenas como servir líquidos, escrever cartas e somar. Às crianças mais velhas ensinam-se técnicas de pesquisa, habilidades de pesquisa na internet e formas mais avançadas de escrita e matemática. Quando as crianças desenvolvem um grau significativo de independência, estabelecem um padrão para uma vida de bons hábitos de trabalho, autodisciplina e senso de responsabilidade.

A magia das **escolas montessorianas**

NA PRÁTICA Atividades sob medida

O equipamento nas escolas montessorianas é atraente, do tamanho certo para as pequenas mãos e projetado como uma tarefa completa, para que as crianças tenham a satisfação de testemunhar os resultados de seu trabalho.

Pendurar a roupa
Pendurar em um suporte para a roupa ajuda as crianças a dominar as habilidades necessárias para se vestir.

Engraxar os sapatos
As crianças adoram polir pequenos objetos de latão e prata; depois, passam a engraxar seus próprios sapatos.

Aprender a despejar líquidos
Devem ser utilizados pequenos recipientes de louça ou de vidro, com o tamanho exato para as mãos das crianças, para que aprendam a despejar líquidos sem derramar.

Aprender as letras
As crianças aprendem a ler foneticamente. Elas compõem palavras e frases com o uso de um "alfabeto móvel" formado por vogais azuis e consoantes cor-de-rosa.

Escrever à mão
A fim de ajudar a desenvolver o controle mão-olho necessário para segurar um lápis e escrever, as crianças traçam formas no papel com a ajuda de estênceis.

Equipamento sensorial
As crianças desenvolvem sua distinção visual de tamanhos por meio da atividade de encaixar cilindros de madeira, graduados por tamanho e profundidade, em buracos existentes no bloco.

23

Por que **Montessori?**

Desde o início

Os bebês já nascem curiosos, criativos e inteligentes. Juntamente com os cuidados básicos do bebê, enriqueça o mundo do seu filho para ajudá-lo a desenvolver totalmente seu potencial.

Embora os bebês sejam diferentes dos adultos de muitas maneiras importantes, cada um deles é um ser humano integral e completo que está presente na sala conosco e que absorve em suas memórias mais profundas cada visão, som, cheiro e toque experimentado. Se, enquanto pais, compreendermos realmente esse fato, poderemos nos tornar mais conscientes da impressão deixada em nossos filhos pelo que fazemos, dizemos e permitimos que tenha contato com eles desde o momento de seu nascimento e ao longo dos primeiros dias, meses e anos de suas vidas.

Um nascimento suave

Depois de nove meses flutuando no ambiente escuro, acolhedor e quentinho do útero de sua mãe, onde experimentavam apenas sons abafados, o bebê passava

Mentes absorventes
Desde o momento em que nascem, as crianças são sensíveis e receptivas a todos os aspectos de seu meio ambiente.

Preparação para o trabalho
Ao trabalhar no chão, as crianças delimitam sua área de trabalho com um pequeno tapete.

Por que **Montessori?**

Liberdade para aprender

Em uma sala de aula montessoriana, há algumas regras básicas sobre comportamento e limpeza, mas, fora isso, as crianças são livres para escolher a atividade que desejarem e para trabalhar com elas durante o tempo que quiserem. São livres para se deslocar e trabalhar à vontade, sozinhas ou com outras crianças. Na maior parte das vezes, as crianças selecionam o trabalho que atrai seu interesse, embora os professores as ajudem a escolher atividades que apresentarão novos desafios e novas áreas de pesquisa. Ao terminarem uma atividade, espera-se que as crianças guardem os materiais nos locais apropriados. Os alunos são ensinados a administrar sua própria comunidade, e desenvolvem independência e fortes habilidades de liderança.

Tais orientações se adaptam facilmente ao ambiente doméstico. Se você criar um espaço acolhedor – mas ordeiro – para seus filhos e der a eles permissão para trabalhar e brincar com liberdade, sua confiança e independência desabrocharão.

Limpeza e arrumação
A sala de aula montessoriana cria um senso de ordem que incentiva as crianças a se tornarem autodisciplinadas e independentes.

Desde o **início**

o trauma do nascimento e vinha à luz em uma sala
rigerada, barulhenta e com iluminação brilhante, onde
m rudemente manipulados. Hoje em dia, parece difícil
aginar um médico segurando um recém-nascido por
a das pernas para aplicar uma palmada na sua nádega a
 de fazê-lo respirar – mas essa costumava ser uma
tica comum. Em seguida, em vez de entregar o bebê à
e para ambos descansarem, o cordão umbilical era
idamente cortado e o bebê levado para outra sala para
 pesado e lavado.
  Graças em parte à influência de Maria Montessori,
almente profissionais de saúde mais compassivos
iliam no processo de nascimento. As maternidades e
spitais modernos utilizam iluminação moderada; a
peratura ambiente é mantida tépida, música suave pode
 ouvida e todos falam em voz baixa. Após o nascimento,
ecém-nascido é colocado sobre a barriga da mãe para
cansar e estabelecer o vínculo afetivo antes de ser
ado, pesado e examinado. Certamente não é provável
 essas práticas sejam cumpridas em situações de
ergência e nos casos de cesariana na sala de cirurgia,
s os cuidados após o nascimento devem ser relaxados e
mos.

Os bebês são seres
umanos plenos e
ompletos... que absorvem
ada visão, som, cheiro e
que que experimentam."

Uma jornada maravilhosa
Todos os marcos físicos atingidos
por seu bebê são decorrentes da
necessidade de experimentar mais.

25

Por que **Montessori?**

A ligação com seu recém-nascido

Nas primeiras horas após o nascimento, há um período sensível em que os bebês formam um vínculo particularmente próximo com seus pais. De acordo com a dra. Silvana Montanaro, do centro de assistentes da Associação Montessoriana Internacional (AMI) para a Infância em Roma, "pesquisas revelam que a extensão e qualidade dos cuidados proporcionados pela mãe ao seu bebê são fortemente condicionadas pela forma como passam o tempo juntos durante os primeiros dias após o nascimento".

Essa conexão tem início com o contato físico experimentado quando o bebê é abraçado e tocado por seus pais, e logo se transforma no vínculo emocional que celebramos em todas as relações saudáveis entre pais e filhos. É uma conexão bidirecional. O bebê se sente seguro nos braços de seus pais e forma uma impressão poderosa e duradoura de seus rostos, cheiros e do som de suas vozes; ao mesmo tempo, em geral os pais se apaixonam perdidamente por seus filhos, e isso contribui enormemente para ajudá-los a seguir em frente na nova função ao longo dos primeiros meses, período durante o qual ficam privados de sono e se adaptam ao novo papel da paternidade ou maternidade.

Ambos os pais devem se revezar nas atividades de acalentar e acariciar seu bebê recém-nascido, a fim de garantir a formação de um estreito vínculo com cada um deles. Afague suavemente seu bebê quando ele estiver no seu colo, ou segure-o de encontro ao peito para proporcionar o calor e a proximidade do contato pele a pele.

Quase todos os bebês, e em particular aqueles que nascem prematuramente ou que enfrentam problemas clínicos, respondem maravilhosamente à massagem infantil suave. A massagem relaxa o bebê e, ao mesmo tempo, aprofunda o processo de estabelecimento do vínculo afetivo. Sabe-se que a massagem também contribui para um sono repousante e para uma boa digestão. Há muitos livros e vídeos demonstrativos de técnicas de massagem que explicam os benefícios de massagear seu bebê.

Acalmar e sossegar o bebê

Os bebês apreciam os sons da "fala de bebê" dos adultos: os arrulhos, as canções e as conversas com voz "bobinhas" tendem a prender a atenção da criança. E, certamente, é consenso universal que recitar poesias ou cantar cantigas de ninar, ou ler em voz alta em uma cadeira de balanço, são as melhores maneiras de acalmar o bebê que chora.

Alguns bebês se assustam e choram facilmente, enquanto outros têm dificuldade para adormecer ou podem mostrar uma sensibilidade extraordinária ao toque, à luz ou ao som. Não se alarme se seu bebê reagir dessa maneira ou se ele parecer rejeitar suas conversas e canções. Simplesmente continue com seus esforços no estabelecimento do vínculo afetivo – toque seu bebê e converse com ele com suavidade, tente manter baixo o nível de ruído à sua volta e mantenha o ambiente com pouca iluminação. Com o tempo, o bebê se ajustará ao seu ambiente e se acostumará com esse estranho mundo novo no qual foi lançado.

O CÉREBRO DE SEU FILHO

Os melhores cuidados parentais estão em sintonia com o cérebro em desenvolvimento do bebê. Na primeira infância, o desenvolvimento do cérebro depende de experiências sociais, sensoriais e acolhedoras. Bebês bem cuidados desenvolvem capacidades neurobiológicas que aumentam, em longo prazo, suas chances de saúde e de felicidade.

Desde o **início**

Massagem para bebês
Massagens ajudam o bebê a relaxar e, ao mesmo tempo, aprofundam o processo de estabelecimento do vínculo afetivo.

Por que **Montessori?**

O leite materno ainda é o melhor alimento
A amamentação é amplamente aceita como a melhor forma de nutrição para o bebê.

A vez do papai
Alimentar o bebê com leite retirado do peito por meio de uma mamadeira faz com que o pai não seja excluído da rotina de alimentação do bebê.

O melhor alimento

Durante décadas, a promoção e a popularidade das fórmulas infantis nos anos 1960 fizeram a amamentação parecer coisa do passado em muitas partes do mundo. Atualmente, graças a uma melhor compreensão dos benefícios do leite materno e de campanhas de grupos co[mo] La Leche League, a amamentação voltou a ser reconhecid[a] como a melhor fonte de nutrição para bebês e, hoje, tem s[e tornado] mais prevalente do que nunca. A Organização Mundial da [Saúde] Saúde afirma que a amamentação demonstrou ter benefíc[ios] para a saúde que se estendem até a vida adulta.

É importante que todas as mães capazes de amame[n]tar o façam. O leite materno tem muitos benefícios: é de [fácil] fácil digestão, proporciona a nutrição ideal e contém anticorpos que ajudam a proteger o recém-nascido cont[ra] infecções e doenças. Igualmente importante, o processo

Desde o **início**

amentar fortalece o vínculo entre mãe e filho. O pai também pode fortalecer o vínculo com seu bebê alimentando a criança, por meio de uma madeira, com o leite materno armazenado. Se você não puder amamentar, ainda assim poderá fortalecer seu vínculo afetivo ao segurar seu bebê junto ao corpo, olhar nos olhos dele e conversar suavemente enquanto oferece a mamadeira.

olado à pele

A pele do bebê é incrivelmente sensível. Fraldas e roupas devem ser confeccionadas somente com o melhor algodão natural, ou com outras fibras naturais suaves, para evitar irritações de pele. Escolha roupas bem-feitas e evite roupas de tecido sintético enfeitadas demais. O conforto do bebê deve ser sempre a maior prioridade, e não roupas da moda que, na sua opinião, deixam seu filho mais "fofo".

Outra questão relacionada à irritação da pele é a forma como alguns bebês tendem a arranhar o rosto durante os primeiros meses de vida, à medida que aprendem a explorar seu corpo com as mãos. Mantenha as unhas do bebê aparadas, em vez de cobri-las, para permitir que ele faça suas explorações. Mais adiante, o bebê também terá interesse em explorar os pés; assim, mantenha também as unhas dos dedos dos pés devidamente aparadas.

Inicialmente, talvez seja agradável para seu recém-nascido ser envolvido em uma faixa de tecido leve enquanto se adapta à vida extrauterina. Transcorrida uma semana ou duas, não envolva mais o bebê com a faixa e deixe seus pés e mãos descobertos quando estiver dentro de casa, para que possa começar a chutar livremente e a obter o controle das mãos.

As roupas do bebê
As roupas do seu bebê devem ser confeccionadas com fibras naturais, para evitar irritações de pele.

Por que **Montessori?**

Escolher as fraldas

Encorajamos fortemente os pais a usar fraldas macias de algodão desde o nascimento, em vez das fraldas descartáveis que se tornaram tão comuns. Três boas razões para isso compensam o trabalho extra de lavar as fraldas ou a despesa de usar um serviço de lavanderia para cuidar delas: primeiro, o uso generalizado de fraldas descartáveis gera montanhas de material de lenta decomposição e resíduos não tratados nos aterros sanitários das cidades; em segundo lugar, o algodão natural é menos irritante para a pele do bebê; e, finalmente, bebês com fraldas de algodão podem facilmente sentir que estão molhadas e, assim, aprendem a identificar quando urinam. Esse reconhecimento será importante quando a criança estiver pronta para começar a usar o banheiro (ver p. 92-93).

A necessidade de sono

Bebês dormem muito. Como os adultos, eles dormem para descansar seus corpos e permitir que suas mentes processem e integrem as impressões e experiências sensoriais do dia. O sono é essencial para os bebês, tanto para seu bem-estar físico quanto para sua saúde mental. Os bebês costumam adormecer quando estão cansados, ou se estiverem sobrecarregados com impressões sensoriais. Até recentemente, o bebê vivia dentro do útero: um mundo quente, confortável, pouco iluminado, apenas com sons suaves e sem bordas ásperas. Agora, s mundo está cheio de luzes brilhantes, ruídos altos, movimentos inesperados e coisas estranhas que tocam sua pele. Inevitavelmente, há momentos em que toda e estimulação se torna demasiada; então, ele desliga e adormece.

Seu bebê não precisa ficar no colo enquanto adorm ce. No entanto, pode gostar de saber que você está per Talvez você possa colocar um grande retângulo de lã, u pequeno futon ou colchonete para o seu bebê em cada espaço onde sua família se reúne regularmente. Isso permite que seu bebê fique onde as atividades estão acontecendo. Ele se sentirá confortável em ficar perto família e em ouvir suas vozes; além disso, ficará interess do em ver o movimento ao seu redor. O bebê pode olha e ouvir e, em seguida, cair no sono sempre que estiver cansado.

"Não acorde um bebê que dorme" é um velho ditad passado de mãe para filha por gerações, e faz sentido. Deixe seu bebê dormir. Evite movê-lo abruptamente ou modo brusco quando estiver dormindo, mantenha as lu com baixa intensidade e fale em voz suave perto dele.

Abaixo os descartáveis!
As fraldas de algodão são mais suaves para a pele do bebê e diminuem a produção de lixo.

Desde o **início**

Na agitação
Deitado sobre um retângulo de lã, o bebê pode sentir que faz parte das atividades da família, e assim adormecer quando quiser dormir.

Por que **Montessori**?

O bebê em crescimento

Em seu primeiro ano, o bebê cresce e muda rapidamente. Aproveite o tempo para responder a – e comemorar – cada novo desenvolvimento.

A abordagem de Maria Montessori com relação aos bebês era simples. Ela acreditava que deveríamos:
• Respeitar todos os bebês como seres humanos individuais.
• Permitir-lhes tanta liberdade de movimento e de escolha de suas atividades quanto possível.
• E ajudá-los a se tornar independentes, criando para eles um ambiente seguro e amigável que facilite suas explorações.

Mais ou menos durante o primeiro mês, os bebês tendem a ter um controle limitado de seus movimentos. Seus braços e pernas se movem desajeitadamente e eles não conseguem manter a cabeça na posição vertical, razão pela qual sempre devemos ter o cuidado de apoiá-la. Então, parece que de repente descobrem suas mãos, pés e rostos – e ficam fascinados por eles.

Por volta dos 3 meses, geralmente os bebês conseguem levantar a cabeça e o peito quando estão na posição de bruços. Tentam agarrar objetos que estão pendurados e apertam e sacodem brinquedos de mão. Por volta dos 7 meses de idade, já brincam com os dedos dos pés e tentam alcançar objetos. Nessa fase, tudo é levado até a boca ou golpeado contra o chão. Com um pouco de ajuda, já podem se sentar. Por volta do seu primeiro aniversário, os bebês costumam engatinhar usando as mãos e os joelhos e conseguem ficar de pé. Talvez sejam capazes de dar alguns passos usando a

Uma nova descoberta
As mãos logo se tornam uma fonte importante de conforto e de exploração para bebês pequenos; então, mantenha as unhas aparadas e as mãos livres.

O bebê **em crescimento**

Pronto para a ação
Em pouco tempo, seu bebê estará rolando e ensaiando seus primeiros movimentos em direção à mobilidade.

ília como apoio, ficar de pé sozinhos durante alguns
ntes e andar se você segurar suas mãos e caminhar
 eles.
No segundo ano de vida, a mobilidade e as capacida-
dos bebês aumentam cada vez mais. Você vai
eçar a perceber que o impulso inato do seu filho pela
pendência se torna cada vez mais evidente. Por

exemplo, a criança começará a segurar um copo sozinha e a beber sem que isso resulte sempre em bagunça. Também começará a oferecer a mão ou o pé enquanto estiver sendo vestida. Rapidamente fica claro, mesmo antes que a criança comece a se deslocar pela casa por conta própria, que o replanejamento do ambiente familiar com o filho em mente será um importante passo seguinte.

33

Por que **Montessori?**

Uma casa receptiva para os filhos

Mesmo nos primeiros dias, bebês e crianças pequenas devem desfrutar d um forte sentimento de pertencimento à casa da família.

Ao refletir sobre como deixar nossas casas mais c acordo com a abordagem montessoriana, é importan ter em mente o significado das coisas que trazemos p dentro dela, sobretudo as que servirão de experiência para nossos filhos nos seus primeiros três anos de vid Mentes jovens absorvem todas as impressões como esponjas e, nesse período, antes do desenvolvimento linguagem, suas experiências sensoriais constituem a soma total de seu mundo. Tenha em mente dois objetivos.

• Organize sua casa para ajudar seu filho a se tornar m independente e autoconfiante e sempre leve em conta s saúde e segurança.

• Planeje a casa de modo que todos os ambientes transmitam uma sensação de beleza, ordem e calma.

Repare no tamanho das coisas em sua casa. É lóg que os móveis que usamos e a forma como nossas ca são organizadas são projetados para adultos – pias e

Livre para perambular
Os bebês precisam se locomover e fazer explorações para aprender. A criação de um ambiente seguro para a criança significa que seu bebê ficará livre para realizar tais atividades.

Uma casa receptiva **para os filhos**

sos sanitários, mesas, cadeiras, sofás e camas, sem
ceção, têm uma altura compatível com o uso por
ultos. Mas bebês e crianças são muito pequenos. Sem
ar sua casa de pernas para o ar, tente modificar as
eas onde sua família se reúne para atender às necessi-
des do seu filho mais novo.

egurança é fundamental

A segurança é – e sempre deve ser – uma preocupa-
o básica, mas as crianças também precisam ter a
erdade de se deslocar e explorar. Seu objetivo é
eparar o ambiente doméstico para garantir que bebês e
anças pequenas façam exatamente isso, sob supervi-
o, mas sem que os pais fiquem permanentemente
ocupados de que algo terrível está para acontecer.
itos pais preocupam-se excessivamente com a
gurança, e isso os leva a confinar seus filhos pequenos
equipamentos restritivos destinados a bebês e
anças jovens, como berços, "chiqueirinhos", cadeiras de
ê, balanços fechados, carrinhos de bebê etc. Não é
o ver uma criança presa a uma cadeirinha de bebê (do
o que encaixa no assento do carro) que, por sua vez, se
aixa em um carrinho de bebê, para que a criança seja
sportada sem nenhum movimento físico e sem
lquer contato humano.

Por um lado, parece razoável confinar as crianças por
ões de segurança, mas os pais também devem
ender que cada hora de confinamento da criança em
a cadeira de bebê constitui uma oportunidade perdida.
ivesse mais liberdade, seu bebê poderia ter desenvol-
o coordenação e força muscular, além da estimulação
sorial resultante da aprendizagem prática. Se você se
icar meticulosamente ao processo de tornar a casa
ura para a criança, poderá criar um ambiente no qual
filho ficará livre para se deslocar e explorar sem que
suscite grandes preocupações.

> "A segurança é uma preocupação básica, mas as crianças também precisam ter a liberdade de se deslocar e explorar."

SENSO DE SEGURANÇA

Existem muitos produtos diferentes no mercado que
ajudam a tornar sua casa mais segura. A seguir, algumas
sugestões que devem ser levadas em conta.

• Cubra todas as tomadas elétricas ao alcance de seu filho
pequeno.

• Instale portas de segurança em escadas, no quarto do
seu filho e em outros locais onde você não quer que ele
entre (ou saia).

• Proteja ou remova todos os fios que passem pelo chão
ou em qualquer outro local onde seu filho pequeno possa
alcançá-los.

• Algumas plantas domésticas são venenosas se forem
ingeridas. Remova-as.

• Remova ou tranque armários ou guarda-louças onde
você guarda produtos químicos, ferramentas, garfos, facas
e outros itens potencialmente perigosos.

• Use a trava de segurança do fogão se tiver uma. Ao
cozinhar, mantenha os cabos das panelas voltados para a
parte traseira do fogão.

• Os banheiros podem ser perigosos (especialmente vasos
sanitários, secadores de cabelo, barbeadores elétricos e
assemelhados). Torne seu banheiro seguro para o caso de
explorações não supervisionadas e mantenha os armários
com medicamentos trancados o tempo todo.

Por que **Montessori?**

Plano do primeiro
quarto ideal

Crie um quarto organizado, mas interessante, que seja divertido e seguro para as explorações de seu bebê quando ele estiver em movimento.

Os bebês absorvem tudo o que os rodeia em seu ambiente. Percebem intensamente cores, padrões, sons, texturas e cheiros. Ao planejar o primeiro quarto do seu bebê, você deve oferecer um ambiente pleno de beleza. O quarto deve ser claro e colorido, limpo e ordenado. Com isso em mente, pense no quarto pela perspectiva do seu bebê. Agache até o nível do chão. O que você vê? O que consegue ouvir? As primeiras semanas e meses formam o período da vida do seu bebê durante o qual tudo é

diferente e novo, e durante o qual serão formadas impressões que o acompanharão por toda a vida. Reún elementos que sejam bem-feitos e selecionados por sua beleza.

Estimulação visual

Ao nascer, os olhos dos bebês tendem a se concen em objetos que estão bastante próximos, mas também conseguem enxergar e ser estimulados por alguma coi que esteja mais distante, sobretudo se essa coisa estive em movimento. Uma das primeiras coisas que os bebê veem e na qual se concentram instintivamente é o rost humano. Sua presença e interação com seu bebê é um poderosa fonte de estimulação visual. À medida que os dias forem passando, crescerá o interesse do bebê pela vista ao seu redor. Pendure um móbile sobre a cama de bebê e sobre o trocador, para que ele tenha algo a

O quarto básico
O primeiro quarto de dormir deve ser calmo, limpo e ordenado, com quadros vivazes e móbiles pendurados na altura certa para que seu bebê possa apreciá-los.

Plano do primeiro **quarto ideal**

servar. Móbiles feitos em casa com objetos que possam trocados de vez em quando dão ao bebê coisas novas ra olhar.

bras de arte

Decore as paredes do quarto do seu filho com agens penduradas na parede em níveis bem baixos uivalentes ao nível dos olhos do bebê com idade ciente para começar a andar). Evite fotos de desenhos mados e imagens comerciais da televisão e de filmes. vez disso, escolha reproduções emolduradas de obras arte ou cartazes ilustrativos de cenas agradáveis com nças e animais. Durante esses anos de sensibilidade da, vale a pena expor seu filho à boa arte e a objetos itos.

importância da música

A música deve ser parte da vida de cada criança, e é dadeiramente importante expor crianças pequenas a a grande variedade de músicas. Reserve um espaço do alcance do seu bebê para um sistema de som que e música para a criança ouvir. Sempre que possível, cione músicas com melodias simples e com instru- ntação claramente definida, por exemplo, gravações de flauta de bambu, violão clássico, ou harpa. Não mule excessivamente seu bebê com música em me alto – regule o sistema de som em um volume erado.

inquedos bonitos

Nos primeiros meses, os bebês não precisam de tos brinquedos além de alguns chocalhos e um ou brinquedos macios. Mas, à medida que os meses m passando, provavelmente você constatará que seu começa a acumular mais coisas. Não há necessidade omprar brinquedos caros movidos a pilha, especial- te no caso de crianças com menos de 3 anos.

Primeiras impressões
Atraia a atenção do seu bebê e estimule sua visão com um móbile pendurado sobre o berço ou sobre o trocador fora de seu alcance.

37

Fácil acesso
Uma cama ou futon baixo colocado no chão dará ao seu bebê mais liberdade quando ele começar a deslocar-se.

Plano do primeiro **quarto ideal**

Procure adquirir brinquedos que sejam bem-feitos e [que] seu filho possa empilhar, montar, ou com os quais [possa] interagir de alguma forma. Evite qualquer brinquedo que simplesmente faça alguma coisa enquanto seu [filho] assiste. A ideia é incentivar a criança a se envolver [ativ]amente, e não a observar passivamente, à espera de [ser] entretido.

Escolha brinquedos de madeira bem-feitos em vez [de] brinquedos de plástico encontrados em todas as [mo]dernas lojas de brinquedos. Lembre-se de que a [cri]ança muito pequena está em um período sensível, [dur]ante o qual são formadas fortes impressões sensoriais. [Os] brinquedos de plástico são mais ou menos inquebrá[veis] e relativamente baratos, mas não são tão atraentes [par]a as crianças quanto brinquedos de madeira bem [con]struídos e bonitos, e tendem a ser tratados de forma [mais] cuidada. Um dos nossos objetivos é inculcar uma [sen]sação de apreciação por coisas bonitas em nossos [filh]os desde seus primeiros anos e, ao mesmo tempo, [cult]ivar um senso de ordem.

Em vez de usar uma caixa de brinquedos, mantenha [os b]rinquedos cuidadosamente guardados em prateleiras. [Se a]lgum brinquedo tiver muitas partes pequenas, [man]tenha-as juntas em uma cesta.

[A c]ama do seu bebê

[Para a primeira cama do seu bebê, você precisará [de u]m berço ou, como alternativa, considere o uso de [um p]equeno futon ou colchão no chão. Uma caminha [bai]xa desse tipo terá exatamente a altura certa para [que]seu filho possa descer ou subir engatinhando, [qua]ndo tiver idade suficiente para se deslocar por seu [espa]ço. Se você tiver tornado o quarto completamente

seguro, explorá-lo livremente é muito mais interessante para o bebê do que ficar confinado ao berço. O quarto inteiro de seu filho pode se tornar uma área segura para brincar – tudo o que você precisa é uma grade de proteção na porta, coberturas de segurança nas tomadas elétricas e uma cuidadosa reflexão sobre as coisas que são colocadas no quarto enquanto seu filho for pequeno. Use lençóis e mantas na cama do seu bebê e passe para travesseiros e edredons apenas quando seu filho tiver pelo menos 1 ano de idade.

Um futon baixo revestido com tecido impermeável também é uma alternativa segura ao trocador tradicional – não é difícil imaginar que seu bebê pode cair do trocador quando começar a se movimentar.

Brinquedos arrumados
Mantenha os brinquedos do seu filho em prateleiras que ele possa alcançar com facilidade em vez de colocá-los fora de sua vista em uma caixa de brinquedos.

39

Por que **Montessori?**

Adaptação da casa à criança em crescimento

À medida que seu filho se tornar mais independente e ocupado, tente acomodar suas atividades em todos os locais de reunião da família.

Deixadas por conta própria, crianças pequenas tendem a criar caos, mas também demonstram uma tremenda necessidade e amor por um ambiente ordenado. Tente organizar os espaços onde seu filho passa a maior parte do tempo de uma maneira que lhe permita manter uma atmosfera cuidada e bem organizada. É surpreendente o impacto que isso pode ter na personalidade em desenvolvimento da criança.

Na sala familiar

Sala familiar, sala de estar, sala de jogos – não importa o nome, as famílias tendem a se reunir em uma sala da casa. Planeje a sua sala com seu filho em mente. Esse espaço deve ter prateleiras acessíveis onde ele possa manter seus livros e brinquedos de maneira ordenada e atrativamente organizados. Evite exibir muitos brinquedos e livros ao mesmo tempo. Divida os brinquedos em três ou mais conjuntos: os favoritos, que são mantidos continuamente nas prateleiras, e dois ou mais conjuntos que se alternam dentro e fora do armário de brinquedos a cada mês para as devidas trocas.

Coloque uma mesa e cadeiras de tamanho infantil em um lugar onde seu filho possa trabalhar em projetos simples. O mobiliário deve ter a altura certa para possibilitar uma boa postura enquanto seu filho lê, escreve e trabalha. Providencie uma cesta com alguns tapetes que possam ser distribuídos pelo chão a fim de definir as áreas de trabalho do seu filho quando ele op por brincar com os brinquedos no chão (ver p. 85).

Na cozinha

Se for possível, por volta dos 2 anos de seu filho, ab espaço na cozinha para uma mesa de trabalho infantil para "jovens cozinheiros". Use uma gaveta inferior para guardar garfos, facas e colheres e uma prateleira baixa para pratos, tigelas, vidraria e guardanapos – tudo de tamanho infantil. Reserve a prateleira mais baixa da geladeira para seu filho. Nesse espaço, você pode armazenar pequenas jarras de bebidas, fatias de frutas os ingredientes necessários para que a criança faça lanches. Use recipientes de plástico inquebráveis para guardar manteiga de amendoim, geleias, frios e patês.

Adaptação da casa à **criança em crescimento**

Espaço receptivo a crianças
Estantes acessíveis e cestas para guardar objetos permitem que as crianças mantenham um ambiente organizado.

Por que **Montessori**?

O pequeno cozinheiro
Uma mesa de trabalho de tamanho infantil na sua cozinha permitirá que seu filho trabalhe e brinque ao seu lado.

Subindo...
É preciso que as crianças sejam capazes de alcançar a pia – certifique-se de que a plataforma do banheiro seja robusta e sólida.

Uma criança de 2 anos já é capaz de abrir a geladeira e se servir de um lanche já preparado para ela ou de uma bebida gelada em uma caneca. Crianças com um pouco mais de idade podem despejar seu próprio suco de uma jarra e preparar seu próprio lanche (ver p. 106-107). Lanchinhos prontos, como iogurte e queijo, podem ser comprados em pequenas porções individuais e guardados nessa prateleira.

No banheiro

Dê uma boa olhada em seu banheiro a fim de fazer modificações que facilitem o uso por seu filho. Deve ser possível à criança alcançar a pia, abrir as torneiras e pegar a escova e a pasta de dentes sem ajuda. O banheiro deve ter um local especial onde as toalhas dele fiquem penduradas, para que ele possa alcançá-las. Em geral, os pais providenciam banquinhos, mas banquetas pequenas e instáveis não oferecem um espaço seguro e confortável o suficiente para as tarefas no banheiro. Se possível, faça ou compre uma plataforma resistente com 15-20 cm de altura, que encaixe em torno do vaso sanitário e da pia.

No *hall* de entrada

Torne seu *hall* de entrada acessível para a criança. Para tanto, arranje um banco baixo onde seu filho possa guardar os sapatos devidamente unidos com pregadores de roupas e posicione os cabides em um nível de altura que lhe permita alcançar sem ajuda.

Adaptação da casa à **criança em crescimento**

o quarto

Aos 2 anos de idade, seu filho pode continuar dormin[do] em um futon, ou então você pode comprar uma cama [de] pouca altura até o chão. Com isso, será mais fácil e [seg]uro subir e descer da cama por conta própria e, além [dis]so, ajudará a incutir na criança um senso de independên[cia].

Depois do primeiro ano de vida, uma opção seria o uso [de] um edredom ou saco de dormir sobre a cama, em vez [de l]ençóis e mantas. Isso facilita muito a arrumação da [cama] pela própria criança de manhã.

Além do uso de móveis de tamanho infantil, [cer]tifique-se de que seu filho consegue alcançar as [ma]çanetas das portas e os interruptores de luz sem [aju]da. Os interruptores de luz podem ser modificados [com] extensores que permitam a seu filho ligar e desligar [ind]ependentemente as luzes – esses dispositivos podem [ser] adquiridos na maioria das lojas de ferragens.

Planeje o quarto do seu filho até certo ponto, mas [sem]pre permita que o espaço reflita sua personalidade [e in]teresses atuais. Além de espaço para interagir com [os b]rinquedos, providencie uma mesa para trabalhos de [arte] que não sujem o ambiente, por exemplo, desenhos [e c]olagens. Prenda um quadro de avisos a baixa altura [na p]arede para que seu filho possa fixar seus melhores [trab]alhos de arte. Pequenas prateleiras e mesas [tam]bém funcionam bem como áreas de exibição.

A música deve ser parte importante da vida de [su]a criança. No quarto de seu filho, providencie um [sist]ema de som com uma coleção de músicas e [can]ções favoritas; faça uma demonstração passo a [pas]so de como usar o sistema de maneira cuidadosa e [sen]sata.

Ordem no *hall* de entrada
Cabideiros fáceis de alcançar, um banco baixo e uma banqueta ajudarão seu filho a se aprontar sozinho.

43

Por que **Montessori?**

Um ambiente organizado
Quando tudo tem um lugar próprio, fica fácil para seu filho manter a ordem em seu quarto.

Um pedaço de madeira compensada de boa espessura sobre uma mesa baixa funciona bem como base para que seu filho crie um modelo de cidade ou de fazenda, com edifícios, bonecos e animais.

Evite a desordem. Coloque brinquedos com muitas peças em recipientes apropriados, como caixas de plástico com tampa ou cestos pequenos. Dê uma olhada nas prateleiras da nossa sala de aula montessoriana (ver p. 20- e tente replicar seu aspecto. Guarde os blocos de construç em um saco de lona com alças, que seja colorido e resiste Costure tiras de velcro para manter o saco fechado. Ao vi fica fácil pegar o saco cheio de peças e levá-lo com você.

Adaptação da casa à **criança em crescimento**

NA PRÁTICA A concepção do quarto de dormir

Um quarto onde tudo seja acessível e esteja devidamente guardado ajudará a promover a independência do seu filho, o cuidado e respeito pelas suas posses e responsabilidade pelo seu próprio espaço.

Guardar as coisas em lugares certos
Pequenas cestas são ideais para brinquedos com muitas peças; isso permite que seu filho mesmo faça a arrumação.

Caixa de lápis
Mantenha os lápis apontados e guardados em uma caixa que não ofereça dificuldades para ser alcançada e transportada.

Uma mostra da natureza
Ofereça espaço para um museu natural, onde seu filho possa colecionar objetos que for achando na natureza.

Pequenas cestas
Em vez de um gaveteiro, instale uma pequena prateleira sobre a qual você possa colocar pequenas cestas para meias e roupas íntimas.

Prateleiras baixas
Guarde os brinquedos em prateleiras baixas e, então, estabeleça um sistema de rotação para que nem todos os brinquedos de seu filho estejam disponíveis ao mesmo tempo.

Cabideiro para roupas
Instale um cabideiro baixo em uma parede para que seu filho possa pendurar seu casaco, boné e roupão e pegá-los sozinho com facilidade.

45

Por que **Montessori?**

`PASSO A PASSO` Pintar um quadro

A pintura não precisa ser uma atividade que faz sujeira. Reserve um canto de arte no qual respingos de tinta possam ser limpos, mantenha o equipamento organizado e demonstre um conjunto de passos que devem ser obedecidos todas as vezes que seu filho pintar.

Um
Fred veste seu jaleco impermeável, forra a mesa com folhas de jornal e derrama sua tinta em potes de boca larga.

Dois
Foi preciso alguma prática no início, mas agora Fred é capaz de prender a folha de papel ao cavalete com um clipe.

Três
Antes de começar, Fred deixa que o pincel escorra e retira o excesso de tinta na borda do pote.

Quatro
Ao terminar, Fred usa pregadores de roupas para pendurar sua pintura em um varal de secagem, tampa os potes de tinta e lava seus pincéis.

Adaptação da casa à **criança em crescimento**

ma área de artesanato

Quase todos nós queremos incentivar a criatividade nossos filhos. Cada casa com crianças pequenas tem um tipo de área de artesanato. Pode ser em um canto cozinha, no quarto do seu filho ou em um saguão – na dade, pode ser em qualquer lugar em que você se sinta nfortável em deixar seu filho trabalhar com materiais de e, como tintas e bastões, que obviamente podem pingar e causar manchas. Você provavelmente colherá uma área com piso cerâmico, a fim de facilitar a peza da tinta derramada, ou você pode proteger a área n a colocação de um grande tapete ou toalha de stico.

Uma boa ideia é montar um cavalete para pintura e a mesa de arte coberta com uma toalha lavável para enhar e fazer artesanato e trabalhos com barro. Uma quena prateleira pode ser instalada a uma altura fácil ser alcançada por seu filho, para a guarda de seus teriais de arte, pincéis, papel etc. Talvez seja interes- te acrescentar um suporte independente (do tipo varal roupas) no qual seu filho possa pendurar suas pinturas badas para secar com pregadores de roupas. Depois nstalada a área de artesanato, mostre a seu filho como ceder por meio do uso rotineiro do mesmo processo so a passo para iniciar a atividade e para arrumar as sas ao terminar.

Dentro de suas possibilidades financeiras, é importan- ferecer os melhores materiais de arte – tintas, pincéis, s de desenho, giz de cera, papel etc. Você deve ensinar filho a usar e cuidar dos materiais corretamente, usive como armazená-los da maneira certa quando estiverem em uso. Dependendo da idade do seu filho, ateriais de arte oferecidos podem consistir em etas marcadoras laváveis, giz de cera, cola, papel, os de tecido e artigos domésticos reciclados para r colagens. Os materiais de arte das crianças podem cuidadosamente armazenados em recipientes ticos separados. Os guaches podem permanecer frescos, mesmo depois de misturados, se forem guardados em recipientes de plástico com tampa; já a argila para modelagem poderá ser guardada em recipientes indivi- duais bem vedados para preservar as diferentes cores e também para evitar que sequem. Invista em um aponta- dor de lápis fácil de usar e mostre ao seu filho como usá-lo, a fim de manter os lápis prontos para uso.

APRECIAÇÃO DE ARTE

Incentive seu filho a exibir seus trabalhos acabados para o resto da família. Embora as geladeiras sejam "galerias de arte" já consagradas, você pode destacar as pinturas favoritas de seu filho com molduras e quadros de fácil montagem. Ajude seu filho a emoldurar e pendurar suas obras de arte em outros locais da casa. Se adequadamente montados e emoldurados, os trabalhos de arte infantis assumem uma aparência completamente diferente – ficam respeitáveis. Esteja preparado para atualizar regularmente os trabalhos com novas produções.

47

Por que **Montessori?**

Preste atenção e acompanhe seu filho

Como pais, muitas vezes sentimos necessidade de conduzir nossos filhos, mas Maria Montessori acreditava que, em vez disso, deveríamos segui-los

Quanto tempo você gasta na observação de seu filho? Não me refiro a prestar "alguma atenção" enquanto você faz outra coisa. Eu quero dizer: quanto tempo você passa com sua atenção totalmente concentrada em seu filho, um longo período de tempo. Não há forma melhor de começar a aplicar os princípios montessorianos em sua casa do que sentar e observar o que seu filho está olhando e o que ele está dizendo e fazendo. As crianças têm muito a nos ensinar a respeito de suas necessidades, interesses, desde que prestemos atenção.

Como observar

Talvez você ache útil ter um caderno ou diário no qual você possa fazer anotações e manter um registro de suas observações. Reserve periodicamente algum tempo para observar seu filho. Sente-se perto dele em algum lugar confortável, de onde possa vê-lo e ouvi-lo com facilidade e também às outras crianças com quem ele esteja brincando. Faça anotações de vez em quando sobre o que você está vendo – essas notas se acumularão até formar um registro interessante do comportamento do seu filho em diferentes idades, e o ajudarão a perceber se, em

Tomar notas
A manutenção de um diário das atividades favoritas do seu filho irá ajudá-lo a acompanhar o modo como suas habilidades se desenvolvem e como seus interesses mudam.

Preste atenção e **acompanhe seu filho**

erminado momento, está surgindo um novo padrão de
mportamento. Tente interpretar o que significa o
mportamento do seu filho. Ao perceber um novo centro
interesse, pense em maneiras de introduzir novas
idades que alimentem e ampliem esse interesse.

que observar

Lembre-se: a única certeza que você pode ter em rela-
às crianças, dia após dia, é que, à medida que vão
scendo, suas preferências, interesses e habilidades
dam de maneira imprevisível. Toda vez que observar
filho, tente se esquecer de experiências ou percepções
eriores e ligue-se no momento presente. Concentre-se
que realmente está acontecendo agora.

Enquanto o seu filho está envolvido em suas brinca-
as, observe quais os brinquedos selecionados. Como
os usa? Ele costuma brincar sozinho ou com outras
nças? Você percebe algum padrão ao longo do
po? Observe como seu filho se movimenta pela casa.
s movimentos de um lugar para outro são silenciosos
aciosos, ou sofrem considerável interrupção? Existe
m cômodo da casa onde seu filho prefere estar? Você
paz de identificar o que parece atraí-lo nesse espaço?

Durante as refeições, observe o que seu filho mais
a. Ele consegue beber sem derramar? Consegue usar
, faca e colher adequadamente e com boa coordena-
entre mão-olho? Como seu filho se comporta nas
s das refeições? Esse é um momento em que seu filho
onstra particular prazer em conversar sobre o dia
?

Durante sua observação, pense duas vezes antes de
ferir em qualquer coisa que seu filho esteja fazendo.
objetivo nesse exercício é aprender a partir do que
stá fazendo — e não interferir para corrigi-lo.

Em missão
Observe como seu filho se movimenta pela casa e
faz suas explorações. Ele é calmo e precavido,
ou barulhento e apressado?

49

2
Descoberta por meio dos sentidos

Descoberta por meio **dos sentidos**

Cheiros simples
Ofereça a seu filho a oportunidade de desfrutar o prazer sensorial proporcionado pelas flores

Construção da **percepção sensorial**

Construção da percepção sensorial

Há um velho ditado que diz que as crianças aprendem o que vivem. Essencialmente, Maria Montessori diz a mesma coisa.

Já descrevemos como os bebês interagem com o mundo desde o nascimento por meio dos seus sentidos. Montessori acreditava que podemos encorajar isso se incentivarmos bebês e crianças pequenas a concentrarem a atenção no mundo físico, explorando, com cada um dos seus sentidos – visão, audição, paladar, tato e olfato – as sutis variações nas propriedades de determinadas seções de objetos. Exercitar os sentidos das crianças, por meio da criação de oportunidades que chamem sua atenção para aspectos da vida cotidiana ou de atividades sensoriais específicas, pode aprimorar muito sua percepção.

Quando estimulamos os sentidos das crianças por métodos que as levem a notar e discriminar entre as propriedades de diferentes objetos, sinais são enviados do sistema nervoso para o cérebro, e, depois, do cérebro de volta ao sistema nervoso. Quanto mais vezes esse processo acontece, mais fortes tornam-se as vias nervosas no cérebro, já que o cérebro recebe uma importante estimulação, essencial para seu bom funcionamento. Mais tarde na vida, o aprendizado de como aprender (a assimilação, integração e aplicação do conhecimento) será uma função do estabelecimento – apropriado ou não – dessas conexões no cérebro desde a mais tenra idade.

Aumento do poder do cérebro

No período que vai desde o nascimento até os 6 anos, os exercícios para o desenvolvimento da percepção sensorial são especialmente importantes, pois é quando o sistema nervoso está se desenvolvendo.

Descoberta tátil
A beleza de um simples quebra-cabeças de madeira é que ele concentra toda a atenção da criança nas formas dos objetos.

*Descoberta por meio **dos sentidos***

Como os bebês experimentam
seu mundo

Durante os primeiros meses, cada vez mais os bebês olham, ouvem, manipulam, provam e cheiram praticamente qualquer coisa que esteja em seu ambiente.

A educação sensorial do seu filho teve início já no nascimento, quando você o segurou pela primeira vez e o aconchegou no seu corpo. A exposição do bebê a experiências sensoriais teve continuidade ao absorver o aroma reconfortante da sua pele; as visões, sons e cheiros de tudo à volta dele; o toque da roupa contra sua pele macia; e o sabor dos primeiros alimentos sólidos que passaram por seus lábios.

Em seus primeiros anos de vida, os bebês são observadores atentos. Tudo o que um bebê vê causará alguma impressão e estimulará seu cérebro e sistema nervoso, além de impactar seu senso de segurança e de proteção.

> "A educação sensorial do seu filho teve início já no nascimento, quando você o segurou pela primeira vez."

Uma visão atenta

Uma maneira de preparar nosso ambiente familiar para o bebê é selecionar coisas que o estimularão visualmente. Contudo, entender um pouco sobre como visão se desenvolve em bebês pode ser útil.

Quando nascem e mais ou menos durante o primeiro mês de vida, os olhos dos bebês tendem a se concentrar em objetos a cerca de 30 cm de distância. Se você observar com atenção, provavelmente notará que os olhos do seu bebê vagam e podem até ficar estrábicos de tempos em tempos. Dentre todas as coisas que eles podem ver, bebês respondem acima de tudo à visão do rosto humano, sobretudo os rostos de seus pais e de outros cuidadores principais. Os bebês tendem a não perceber cores sutis diferenciar tonalidades e parecem prestar mais atenção coisas que exibam padrões claros com alto contraste, especialmente objetos em preto e branco.

Por volta dos 3 meses de idade, os bebês começam se concentrar em coisas mais distantes. Olham atentamente para os rostos das pessoas. Seus olhos seguem objetos em movimento. Nessa etapa, conseguem reconhecer pessoas e objetos familiares a distância.

Como os bebês experimentam **seu mundo**

O início sensorial
Tocar, ouvir e cheirar a mãe marcam o início da educação sensorial da criança.

Descoberta por meio **dos sentidos**

Observar e aprender
Nos seus primeiros meses de vida, os bebês estão interessados em fazer explorações com os olhos e as mãos.

Os bebês começam a tentar alcançar as coisas qu[e] veem. Por volta dos 7 meses, desenvolvem uma visão completa para cores e uma visão bastante madura pa[ra] distâncias, e podem seguir facilmente objetos em movimento com seus olhos.

Há muitas coisas que você pode fazer para ajuda[r] no desenvolvimento da percepção visual do seu filho[.] Converse com o seu bebê e, quando o fizer, estabeleç[a] contato visual direto com ele e observe como ele responde. Olhe junto com ele para as coisas e fale sobre o que vocês estão vendo. Os móbiles, ao girare[m] lentamente, apresentam uma visão em constante mudança de objetos interessantes em movimento. Po[de] ser interessante ter dois ou três móbiles pendurados pela casa e girá-los de vez em quando, para criar no seu bebê encanto e interesse por essas novas visões.

Impacto musical

Ouvir música é uma experiência sensorial importante. A música pode ser apresentada ao seu bebê d[e] várias maneiras. Alguns pais começam esse process[o] cantando e tocando música gravada para seu bebê e[m] desenvolvimento já durante a gravidez, por sentirem que o feto é capaz de ouvir sons e ritmos, assim com[o] nós quando estamos imersos na água.

Nos primeiros anos, a experiência de ouvir músic[a] gravada é certamente assimilada pelos bebês e crianças pequenas e fica preservada como parte da estimulação contínua do meio ambiente. Converse e cante para o seu bebê desde seu nascimento. Melod[ias] e canções de ninar são importantes e se transforma[m] em memórias profundas da primeira infância. O som [e] o ritmo da música reproduzida (ou interpretada) por você no quarto de seu bebê e as letras de canções familiares que ele começará a aprender à medida qu[e o] tempo for passando são elementos que, sem exceçã[o,] lançam as bases para uma educação musical.

Como os bebês experimentam seu mundo

Foi demonstrado que a música também está [in]timamente conectada ao desenvolvimento das áreas [do] cérebro associadas à matemática e ao reconheci[me]nto de padrões. Em outras palavras, a exposição à [mú]sica não só torna as crianças artisticamente mais [sen]síveis, mas também contribui de maneira consisten[te] para o desenvolvimento do cérebro.

[Sensaç]ão na boca

Desde a primeira vez em que seu bebê é alimentado, [a] boca se transforma em uma fonte de exploração e [pra]zer. Desmamar seu bebê é muito mais do que [sim]plesmente introduzir alimentos sólidos – cada novo [ali]mento gera interesse e entusiasmo à medida que o [beb]ê explora sabores e texturas. Conforme cresce, todos [os] objetos ao seu alcance irão parar diretamente em sua [boc]a.

[Ob]tenção do equilíbrio

Em pouco tempo, seu bebê será capaz de pegar [obje]tos e explorar seu peso, textura e temperatura. Para [is]to, usará mãos, olhos, ouvidos, boca e nariz para [inve]stigar tudo o que cruzar seu caminho. E, ao completar 1 ano, seu filho ficará cada vez mais curioso e capaz de ter foco e concentração ao observar ou examinar, com infinita paciência, alguma coisa que chame sua atenção.

É importante evitar o excesso ou a falta de estimulação – bebês são bons em nos informar como se sentem. Estímulos demais deixam seu bebê estressado, e ele tenderá a dormir. Os bebês também tendem a adormecer quando são pouco estimulados. Idealmente, é preciso estabelecer um bom equilíbrio.

Tem gosto bom!
Por volta dos 6 meses de idade, tudo ao seu alcance parece acabar na boca do bebê.

O CÉREBRO DE SEU FILHO

O som é um sentido fetal profundamente desenvolvido – embora quase todos os ruídos que chegam ao útero sejam abafados, a voz materna reverbera claramente através de seu próprio corpo. Estudos mostram que canções e músicas executadas rotineiramente após a 25ª semana de gravidez são reconhecidas após o nascimento.

57

Descoberta por meio **dos sentidos**

A cesta de
tesouros

Tudo em torno do bebê é um mundo mágico de objetos corriqueiros, à espera de serem descobertos e explorados.

Tão logo seu bebê possa se sentar e segurar coisas, adorará explorar uma "cesta de tesouros". Trata-se de uma cesta baixa ou caixa resistente preenchida com muitos objetos domésticos interessantes e coisas da natureza. Os objetos devem ser grandes o suficiente para não serem engolidos e não devem ter bordas afiadas ou qualquer outra característica que possa ser prejudicial ao serem tocados e possivelmente levados à boca por uma criança pequena. Crianças mais crescidas também apreciam a cesta – apenas continue apresentando novos objetos e esconda alguns em caixas pequenas, para que fiquem intrigados.

O que tem aí dentro?

Uma cesta do tesouro deve criar uma sensação de assombro, surpresa e descoberta. Junte algo entre 50 e 100 objetos, cada um dos quais com características nitidamente diferentes: forma, cor, textura, peso e cheiro – use sua imaginação e bom senso. Você pode incluir coisas como uma carteira, uma casca de noz, uma pinha, uma escova, uma pena, um sino de prata, uma pedra lisa.

Bebês e crianças pequenas usam todos os seus sentidos, enquanto os adultos tendem a se apoiar mais na visão. São especialmente intrigantes os objetos com padrão ou textura visual distinta na sua superfície, com um cheiro específico, os frios ao toque (como uma pedra), ou que produzam ruído ao ser movimentados. Para uma criança pequena, tudo é uma descoberta nova e emocionante.

A cesta do tesouro pode entreter crianças pequenas por longos períodos: meia hora não seria incomum. No caso dos bebês, tenha em mente que a cesta do tesouro é muito estimulante; então, é melhor oferecê-la quando a criança estiver descansada e alerta. Durante a primeira exploração da cesta por uma criança, é melhor ficar calado – basta selecionar um objeto, examiná-lo cuidadosamente e colocá-lo de volta no cesto. Talvez seu filho pegue esse mesmo objeto assim que você o devolver na cesta, ou talvez escolha outro completamente diferente. Fique perto da criança, mas permita que ela explore as coisas por conta própria. As crianças gostam de nos ter por perto, mas nem sempre gostam da nossa interferência.

A cesta de **tesouros**

Coleção de tesouros
Os tesouros na cesta fascinam crianças pequenas. Elas voltarão a explorá-los repetidamente.

Descoberta por meio **dos sentidos**

(NA PRÁTICA) Investigação prática

Bebês adoram explorar coisas reais que sejam muito diferentes dos seus brinquedos macios ou de plástico. A cesta de tesouros oferece uma seleção atraente de cores, texturas, sons e cheiros sutis.

Investigação objetiva
Frequentemente, um objeto específico seduz e suscita particular interesse e passa a ser o mais precioso entre todos. Seu bebê retomará a esse objeto repetidamente a fim de examinar suas propriedades.

Sabor
Desde o nascimento, a sucção é fonte de grande satisfação para o seu bebê, assim espere que todos os objetos da cesta sejam levados à boca para ser provados. Contanto que os objetos estejam limpo sejam lisos e seguros, não é necessário limitar essa experiência – seu bebê irá d dir o que é "gostoso" e o que não é.

Tocar coisas
Objetos com um padrão ou textura visua distinta na sua superfície, como uma pinha são especialmente intrigantes. Objetos de vidro e pedrinhas polidas têm um interessante toque gelado, ao contrário dos brinquedos de plástico que, sem exceção, passam a mesma sensação.

A cesta de **tesouros**

...ar as coisas
...contrastes acentuados foram ...ortantes nos primeiros dias de vida, ...ndo a visão do bebê ainda estava se ...envolvendo, mas agora a criança já tem ...uidade visual de um adulto. Ela ...segue apreciar cores naturais, tons sutis ...mbinações de formas. Um item ...éstico simples, como um pincel de ...ária, pode ter grande apelo.

Ouvir
Feijões e sementes em pequenas garrafas e frascos vedados produzem sons interessantes, assim como pequenos sinos ou papel crepitante no interior de um saco com o cordão bem amarrado. Correntes metálicas, colares de miçangas e colheres medidoras batem contra outros objetos e produzem sons ao serem sacudidos.

IDEIAS PARA O TESOURO

Compre itens domésticos novos para sua cesta do tesouro e lave-os antes de usar.

Metal: tampão metálico com corrente • sino • colher medidora • batedor de arame pequeno

Natural: pinha • esponja • caroço de abacate • pena • pedra grande • concha

Madeira: colher • ovo de madeira • pincel de culinária • pregador de roupa • bloco de empilhar • escova de sapato

Vidro: taça para ovo quente • frasco de tempero • saleiro • peso de papel pequeno • colar de pedras

Tecido e couro: fitas de cetim e de veludo • bola de lã • bolsa pequena • lenço de seda • pompom • chaveiro

Borracha e plástico: bola de borracha • saboneteira • escova de dente • esponja de banho • pulseiras

OBJETOS QUE DEVEM SER EVITADOS

• Objetos pequenos com risco de engasgamento

• Objetos com bordas afiadas

• Objetos com fios, lascas ou peças soltas/frouxas

• Qualquer coisa que possa ser prejudicial se levada à boca

• Materiais com acabamento feito com corantes que desbotam

...lorar
...ois de esgotadas as possibilidades do ...uro, ainda há uma cesta texturizada a ...vestigada. Um bebê envolvido pode ...20-30 minutos na exploração do ...eúdo da cesta de tesouros – deixe que ...ecida quando parar.

Cheirar coisas
Seu bebê tem um olfato altamente desenvolvido e certamente apreciará alguns aromas cuidadosamente escolhidos na cesta. Experimente sacos de ervas, sachês de lavanda e um limão. Ou coloque balas aromatizadas, vagens de baunilha ou grãos de café dentro de um saleiro.

Descoberta por meio **dos sentidos**

Atividades sensoriais que ajudam

as crianças a aprender

Exercícios que desenvolvem a percepção sensorial das crianças as ajudam a apreciar seu mundo de forma muito mais completa para o resto de suas vidas.

É importante persistir na educação dos sentidos das crianças pequenas. Não acredito que possamos melhorar fisicamente seus sentidos por meio do treinamento da percepção sensorial, mas acho que podemos ajudar as crianças a aprender a ver, ouvir, tocar, provar ou sentir o que experimentam com uma apreciação mais profunda. Na sala de aula montessoriana, uma área inteira do currículo é dedicada ao treinamento da percepção sensorial.

No seu nível mais simples, os exercícios desafiam as crianças a encontrar pares idênticos de objetos que variam apenas em algum aspecto, como altura, comprimento ou largura. Outros exercícios pedem às crianças que encontrem pares idênticos com base no peso, cheiro, sabor, temperatura ou som. Em um nível mais avançado, as crianças são convidadas a ordenar um conjunto de objetos com base na variação em um de seus aspectos, como, por exemplo, comprimento, altura, tonalidade, forma, e assim por diante. As crianças se interessam por esses quebra-cabeças e jogos porque têm o grau de

dificuldade exato para que representem um desafio significativo. Também são lições de vocabulário, pois as crianças passam a dominar os nomes de todas as coisas, desde formas geométricas até plantas e animais. À medida que as crianças aprendem seus nomes corretos, os objetos assumem um novo significado.

As atividades deste capítulo são mais simples, mas fundamentadas nos mesmos princípios. Muitos dos itens podem ser confeccionados em casa ou comprados em lojas de equipamentos montessorianos.

"Os exercícios sensoriais têm o grau de dificuldade exato para que representem um desafio significativo."

Atividades sensoriais que ajudam **as crianças a aprender**

A menina do violão
Ao tanger e dedilhar as cordas do violão, Imogen experimenta os diferentes sons produzidos.

Descoberta por meio dos sentidos

Classificação por cores
A classificação de punhados de botões
é uma atividade sensorial agradável,
que estimula os sentidos da visão e do toque.

Mix de botões
Você pode variar o desafio ao introduzir botões
de diferentes tamanhos e formas, ou feitos com materiais
diferentes, por exemplo, osso, madeira e metal.

Cor, forma e tamanho

Muitas atividades recreativas que estimulam primor dialmente a visão de seu filho exigirão dele o uso simultâneo de outros sentidos.

Classificar objetos (2-5 anos)

Classificar objetos de acordo com a forma, tamanh cor ou outras propriedades físicas é uma atividade recompensadora que desafia as crianças pequenas a prestar cuidadosa atenção à tarefa e a fazer algumas escolhas lógicas. Para essa atividade, reúna vários exemplos de algum tipo de objeto atrativo com format cores e tamanhos variáveis. No caso de crianças mais novas, pense cuidadosamente no tamanho dos objetos escolhidos, para que não sejam engolidos nem introdu dos nas narinas ou ouvidos. Conjuntos de blocos de construção de diferentes formatos e cores funcionam b para as crianças que já começaram a andar.

Um bom exemplo dessa atividade para uma criança 3-4 anos é a classificação de botões. Compre alguns bot em um armarinho ou selecione vários conjuntos diferen de quatro ou mais botões idênticos da sua caixa de cost se você tiver uma. Misture os botões em uma tigela gran e, em seguida, mostre ao seu filho como selecionar um botão, colocá-lo em uma tigela menor e, em seguida, encontrar todos os outros botões que combinam com e

Blocos de empilhar (18 meses-3 anos)

Uma boa atividade sensorial visual envolve o empilha mento de um conjunto de blocos de madeira com taman graduados. Procure blocos ou copos que se encaixem un nos outros e que possam ser empilhados para formar um torre. Construir com esses blocos deve agradar à criança também deve se divertir ao guardar os blocos depois da atividade. Enquanto brincam, as crianças aprendem conceitos como menor e maior. Nas escolas montessoria as crianças de 3 anos aprendem a usar um conjunto de d blocos graduados para construir uma torre cor-de-rosa.

Atividades sensoriais que ajudam **as crianças a aprender**

PASSO A PASSO Torre de cubos cor-de-rosa

cubos são todos da mesma cor, para que a criança se concentre apenas em seu tamanho. Os dez cubos são duados em tamanho e variam exatamente em 1 cm^3, o que facilita a localização do cubo que vem a seguir.

Dois
A torre tem um controle interno para erro. Se o cubo posicionado parecer errado e ficar oscilante, é necessário repensar.

Três
Lauren pega os cubos menores apenas com uma das mãos. Isso lhe passa uma impressão muscular do tamanho do cubo.

ada sobre um tapete, Lauren procura
ior cubo de empilhar e usa as duas
s para colocá-lo em posição.

Cinco
Agora, a construção representa maior desafio. Lauren tem o cuidado de não derrubar a torre ao posicionar os últimos blocos.

Seis
Finalmente, Lauren coloca cuidadosamente no topo o cubo menor (de 1 cm^3). Sua torre cor-de-rosa está completa.

tro
perfícies lisas e pintadas possibilitam o
mpilhamento dos blocos. Lauren vê
orre começar a crescer.

65

Descoberta por meio **dos sentidos**

Quebra-cabeças de madeira
Escolha quebra-cabeças com formas simples recortadas e com um pegador para cada peça. No início, ofereça uma peça por vez.

Empilhador de formas geométricas (2-4 anos)

São muitas as variações deste brinquedo, mas a maioria consiste em um ou mais eixos em uma base e conjuntos de peças. Depois de removidas as peças, o desafio é localizar as que são semelhantes: quadrados, octógonos e círculos, por exemplo. Em seguida, a criança acha a maior peça nesse conjunto e a encaixa na base do eixo. O processo continua até que todas as peças tenham sido arrumadas. Seu filho deve ser capaz de reconhecer por si mesmo se cometeu algum erro, porque uma peça maior colocada sobre uma peça menor ficará saliente e não parecerá correta.

Quebra-cabeças simples (2-5 anos)

Quebra-cabeças simples são brinquedos consagrados para crianças pequenas. Sempre procure quebra-cabeças de madeira com imagens atraentes. Evite os feitos de papelão e aqueles cujas peças não se encaixam em uma moldura individual. A crianças com menos de 3 anos, ofereça quebra-cabeças com um pegador grande para c peça. Resista à tentação de você próprio encaixar as pe

Combinar amostras de tintas coloridas (3-5 anos)

As escolas montessorianas utilizam conjuntos pror de tabuletas de madeira pintadas em várias cores, que ajudam as crianças a aprender a distinguir entre tons e cores primárias e secundárias, além de dominar as palavras usadas para descrever cada cor e tom. Para fa isso em casa, usa um mostruário de tintas, que geralm te pode ser obtido em lojas do tipo "faça você mesmo

Crie três conjuntos separados de cores usando o mostruário. Cada conjunto deve ser do mesmo tama e deve diferir apenas na cor. Para as crianças menor comece com um conjunto de seis cores: duas amare duas vermelhas e duas azuis. Peça ao seu filho para combinar os pares e ensine-o a pronunciar os nome dessas cores primárias.

Depois que seu filho dominar essa tarefa, reúna u segundo conjunto de onze pares de cores e tons prima e secundários: amarelo, vermelho, azul, verde, laranja, roxo, rosa, marrom, cinza, branco e preto. Convide seu filho a combiná-los e nomeá-los. Para aumentar o gra dificuldade do desafio, faça um terceiro conjunto com sete tons distintos de cada uma das nove cores diferer (amarelo, vermelho, azul, verde, laranja, roxo, rosa,

Atividades sensoriais que ajudam **as crianças a aprender**

arrom e cinza), para que seu filho aprenda a ordenar sde a tonalidade mais clara até a mais escura. Ao em todas apresentadas em sequência, as tabelas mam uma agradável gama de cores.

São muitas as maneiras pelas quais você pode tornar sa tarefa mais desafiadora. Por exemplo, peça ao seu o para encontrar a cor, no mostruário, que mais se roxima da cor de algum objeto da sala. Outro desafio é ostrar ao seu filho uma cor do terceiro conjunto de res e pedir a ele que, usando somente a memória, onte, no mostruário, uma tonalidade mais clara ou mais cura dessa cor. No caso de crianças maiores, uma ceira atividade seria ensiná-las a criar tons mais claros mais escuros com a adição de tinta branca ou preta a a cor existente. Ao começar com a cor pura e cionar um pouco mais de branco e misturar, a criança derá fazer uma série de manchas de tinta, do tom mais uro ao mais claro. O resultado será algo semelhante ao struário de tintas. Repita com o uso da cor preta.

go da memória (3-5 anos)

Este jogo ajuda as crianças a desenvolver a memória ual e habilidades de identificação de padrões. É sível adquirir várias versões em lojas de brinquedo, ou feccionar um conjunto próprio. Para isso, corte 16 ângulos de papelão fino do tamanho das cartas de alho comuns. Desenhe ou corte duas cópias idênticas oito formas geométricas diferentes. Você também e usar figuras de animais. Cole uma forma ou figura cada retângulo de cartolina. Como resultado, você 16 cartas de tamanho idêntico, compostas por oito es de formas ou imagens diferentes.

Para jogar, misture os cartões e coloque-os virados para baixo em um quadrado composto por quatro fileiras e quatro colunas. O primeiro jogador vira duas cartas, uma por vez. Se combinarem, o jogador fica com o par. Se as cartas não combinarem, o jogador vira-as de novo para baixo. Os jogadores tentam lembrar qual carta está em cada posição, o que aumenta a probabilidade de encontrarem cartas correspondentes quando chegar a sua vez. O jogo continua até que todas as cartas tenham sido combinadas.

À medida que seu filho ficar mais proficiente nesse jogo, você poderá criar novos conjuntos com diferentes desenhos ou imagens, e pode aumentar o desafio ao adicionar mais pares ao conjunto e não organizar os cartões em fileiras.

Combinar pares
Lembrar onde procurar cada par de cartas idênticas é um exercício que testa a memória e a concentração.

Cascata de feijões
Os feijões-manteiga produz[em]
um som agradável ao caíre[m de]
uma concha para dentro da

Atividades sensoriais que ajudam as crianças a aprender

À medida que seu filho cresce e sua audição se ...senvolve, ele se torna capaz de distinguir entre ...erentes sons e também de identificar de onde eles ...ovêm.

...ijão-manteiga seco (18 meses-4 anos)

Pegue uma grande tigela de salada de cerâmica ou ...ro grosso e encha-a até a metade com o feijão. O ...ão-manteiga é uma boa opção, pois os grãos são ...ito grandes para entrar nas narinas ou ouvidos do ...u filho e, além disso, fazem um som agradável ao ...em despejados na tigela. Dê ao seu filho uma ...quena concha e mostre a ele como usar o utensílio ...ra pegar alguns feijões e, em seguida, esvaziar a ...ncha na tigela. Permita que crianças pequenas ...nquem com os feijões. Ao mexerem nos feijões, elas ...m uma sensação tátil agradável e os feijões criam ...s interessantes. Se alguns feijões forem derrubados, ...stre à criança como pegá-los e devolvê-los à tigela. ...fatize a importância de colocar todos os grãos de ...ta na tigela. No início, não se surpreenda se os ...ões se espalharem por todos os lugares. Mostre ao ... filho a maneira correta de colocá-los de volta com ...a linguagem paciente e gentil.

...mbinar sons de sinos (3-5 anos)

Para esta atividade, será preciso contar com oito ou ...s pares de sinos, cada par com o mesmo som. Como ...sinos podem ter aspectos diferentes, seu filho deverá ...er essa atividade com os olhos fechados ou vendados. ...vavelmente você encontrará dois tipos de sinos: os ...n alças e os normalmente costurados ou fixados em ...ro objeto, por exemplo, em roupas ou num arreio para ...alos. Esse segundo tipo de sino dificulta o trabalho das ...nças pequenas, porque suas mãos abafam o som do ... quando elas o agarram. Você pode resolver isso se ...arrar uma fita ao sino. Seu filho pegará o sino pela fita

com uma das mãos, sacudindo-o ou golpeando-o com a outra mão para produzir o som.

Seu filho toca um sino e deixa-o de lado. Em seguida, pega outro sino e o toca para conferir se é igual. A criança talvez queira tocar o primeiro sino novamente para refrescar a memória. Se o primeiro sino que ela tentou não é a combinação certa, ela o deixa de lado, seleciona outro sino e ouve o novo som para verificar se combina. Ao encontrar o sino certo, a criança põe de lado os dois sinos correspondentes. Em seguida, seleciona outro sino e repete o processo até encontrar o par para cada sino examinado.

Fazer os sinos soarem
Com os olhos fechados, toda a atenção da criança está focada no som dos sinos, e isso ajuda na combinação dos pares.

69

Descoberta por meio **dos sentidos**

Cilindros sonoros (3-6 anos)

Outro exercício que ajuda as crianças a desenvolverem sua habilidade de discriminar entre sons envolve o uso de um conjunto de cilindros sonoros. Esse conjunto pode ser construído a partir de quaisquer recipientes de madeira, plástico ou vidro existentes na casa. Os recipientes devem ser opacos e não devem permitir que a criança veja o que está em seu interior; além disso, devem produzir um som claro ao serem preenchidos com objetos diferentes e sacudidos. Você pode usar pequenos frascos de vidro, como potes de comida pronta para bebês, se pintar seu interior ou cobri-los com papel colorido para que as paredes fiquem opacas.

Seis recipientes devem ser pintados com a mesma cor e outros seis com uma segunda cor (p. ex., verde e cor-de-rosa). Preencha pares de frascos (um de cada cor) com alguma coisa que faça um som interessante ao ser chacoalhado ou agitado (ervilhas secas, feijão, arroz, areia). A criança, então, tenta combinar cada cilindro verde com o cilindro cor-de-rosa com o mesmo som. Nas escolas montessorianas, cada conjunto de seis frascos de uma cor fica guardado em uma caixa cuja tampa é pintada na mesma cor.

> "Gradualmente, as crianças desenvolvem a capacidade de relaxar, ouvir e apreciar o silêncio."

O jogo do silêncio (2-6 anos)

No nosso mundo moderno, parece que o silêncio é algo quase desconhecido. Uma grande dádiva é ajudar seu filho a descobrir a beleza que pode ser encontrada no silêncio. Quando silenciamos, podemos ouvir nossos próprios pensamentos e também nos tornamos muito mais atentos ao mundo que nos rodeia.

O jogo do silêncio ajuda as crianças a desenvolverem um nível muito maior de autodisciplina, além de maior percepção em relação aos sons à sua volta – que, para maioria das pessoas, fazem parte da paisagem. Nessa atividade, chame a atenção de seus filhos com um pequeno sino, ou faça um sinal de mão familiar para começar um jogo de "silêncio". Seus filhos devem parar que estão fazendo, sentar-se, fechar os olhos e tentar permanecer perfeitamente quietos. Desafie-os a ficar assim até ouvir o seu nome pronunciado. Quando cada criança ouvir seu nome suavemente pronunciado, deve se levantar silenciosamente e se juntar a você. Pode ser interessante variar o jogo do silêncio, por exemplo, ao ensinar seus filhos a se movimentar com cuidado e rapidez, desafiando-os a carregar sinos pela sala sem deixar que eles toquem.

Combinação de sons
Veja se seu filho pode combinar os sons feitos por vários objetos em pares de recipientes.

Atividades sensoriais que ajudam **as crianças a aprender**

Inicialmente, as crianças mais novas talvez não fiquem ...adas e em silêncio por mais de 30 segundos, mas ...dualmente desenvolverão a capacidade de relaxar, ...ir e apreciar o silêncio. Se seus filhos gostarem desse ..., transforme-o em um ritual diário. Outra variação é a ...ualização guiada, um processo no qual seus filhos ...ham os olhos e você descreve uma cena para que eles ...maginem: "Agora estamos caminhando até o riacho. ...rgulhamos nosso dedão na água. Nossa, como a água ...á fria!"

...vir música (18 meses-6 anos)

À medida que seu filho cresce, você poderá introduzir ...os os tipos de jogos musicais. Pode cantarolar ou ...tar alto com os lábios fechados junto com a música ... estiver tocando, para que seu filho também se sinta ...entivado a cantar. Você pode bater palmas acompa- ...ando o ritmo e dançar livremente em resposta à ...sica, balançar, girar suavemente, ou dançar de qualquer ... que lhe pareça adequado para a música.

Comece a ensinar o seu filho a identificar os instru- ...tos que estão sendo tocados em determinada música, ...m de ensinar-lhe o nome da música – "Mamãe, *O Lago* ... *Cisnes* está tocando no rádio!" – ou até mesmo o ...positor. Certifique-se de que seu filho tenha acesso a ...tos instrumentos musicais que ele possa tocar – mara- ... xilofone, tambores e violão – e incentive-o a cantar ... com suas músicas favoritas.

Durante esses anos, seu filho está passando por um ...odo sensível para a música e tem interesse espontâ- ... no desenvolvimento do tom, do ritmo e da melodia. ... com talento musical que executam música ao vivo ... seus filhos tendem a criar filhos musicalmente ...ados. Entre os primeiros sinais de talento precoce ... a lembrança de melodias, cantarolar ou cantar em ...onia, formas rítmicas de movimentação, fala rítmica e ...das rítmicas com as mãos.

Música é importante!
Ofereça ao seu filho todos os tipos de música e compartilhe seu prazer encorajando-o a bater palmas, dançar e cantar junto.

O CÉREBRO DE SEU FILHO

Estudos mostram a importância de oferecer a crianças muito pequenas uma variedade de músicas com ampla gama de tons e ritmos. As crianças começam a distinguir diferenças na música de forma muito parecida a de como começam a diferenciar seu idioma nativo de uma língua estrangeira.

71

Descoberta por meio **dos sentidos**

Tato

Há muitas maneiras de treinar o sentido do tato das crianças. Começamos com a cesta de tesouros (ver p. 58-61) quando nossos filhos eram muito pequenos. As crianças em idade pré-escolar estarão prontas para tentar algumas atividades mais complicadas, à medida que começarem a refinar ainda mais esse sentido.

Combinação de texturas (3-5 anos)

Este jogo é ideal para ajudar a desenvolver o sentido do tato do seu filho. Normalmente, o jogo consiste em um conjunto de pequenos retângulos ou quadrados de madeira com uma textura distinta em um dos lados, criada pela colagem de um pedaço de tecido, velcro, sementes, areia ou outra substância na superfície. Você deve confeccionar dois quadrados correspondentes par cada textura, formando pares que passem a mesma sensação tátil quando tocados. Quando o lado texturiza fica virado para baixo, os quadrados parecem iguais. Pe à criança que, com os olhos fechados ou vendados, ten "enxergar" com a ponta dos dedos e localize os pares c respondentes. Quando virados, os lados texturizados de cada par combinam, o que fornece uma solução visual para que seu filho verifique se adivinhou corretamente.

Combinação de tecidos (3-5 anos)

Uma variação no conceito anterior envolve uma ce cheia de quadrados de diferentes tipos de tecidos: seda lã, algodão, tweed e outros mais. Prepare pares corres- pondentes de cada tipo de tecido. Com os olhos fecha ou vendados, peça ao seu filho que tente localizar os pares de quadrados de tecido que oferecem a mesma sensação tátil, colocando-os juntos sobre a mesa. Ao a os olhos, ele poderá verificar o resultado de seu trabalh ao olhar os quadrados.

Retângulos de papel de lixa (3-5 anos)

Os retângulos de papel de lixa consistem em um conjunto de seis pares de retângulos de madeira em q cada par está revestido com uma lixa de gradação diferente. Seu filho deve tentar identificar pares que tenham a mesma rugosidade, explorando-os apenas co o tato, de olhos fechados ou vendados. Depois de terminar a combinação dos retângulos, poderá verifica resultado de seu trabalho virando-os para cima. Os pa correspondentes terão o mesmo aspecto.

Misturados e combinados
Encha uma cesta com pares de tecidos diferentes e veja se seu filho consegue encontrar os pares correspondentes com os olhos fechados, usando somente o tato.

Atividades sensoriais que ajudam **as crianças a aprender**

co misterioso (3-6 anos)

O saco misterioso é uma atividade infantil favorita.
 geral, trata-se simplesmente de uma bolsa de pano ou
a caixa com um buraco para a passagem das mãos de
 filho, por meio do qual ele pode tocar e manipular
etos que não pode ver. Para esse jogo, você precisará
uma coleção de pequenos objetos familiares que seu
o saiba nomear. Com a criança de olhos fechados,
oque um objeto dentro do saco e desafie-a a identificá-
exclusivamente pelo tato. Se o seu filho adivinhar
rretamente, troque de papéis e permita que ele escolha
bjeto misterioso. Para crianças de mais idade, torne o
o mais desafiador com o uso de moedas, conchas ou
mas geométricas diferentes.

Olfato

As crianças têm o sentido do olfato muito mais sensível do que a maioria dos adultos. Aqui estão dois exercícios para ajudar seu filho a aprimorar suas percepções e aprender a reconhecer e nomear diferentes aromas.

Garrafas de perfume (3-5 anos)

Trata-se de um conjunto de 12 recipientes pequenos e idênticos de plástico ou vidro, com tampa. Frascos cilíndricos com tampa roscada para especiarias são ideais; também é possível usar potes de comida de bebê. Forme dois conjuntos idênticos de seis frascos. Cubra um conjunto de frascos com papel azul e o outro com papel verde.

PASSO A PASSO   Saco misterioso

e jogo utiliza exclusivamente o tato, mas também é ótimo formador de vocabulário. As crianças
lem descrever as formas e texturas percebidas por meio de palavras como duro, liso, redondo, áspero.

Dois
Georgia desvia o olhar ao introduzir a mão no saco para sentir o objeto misterioso. A menina leva alguns minutos na sua exploração com os dedos.

Três
"Ele é comprido e fino e tem cerdas em uma ponta – um pincel de cozinha!", diz Georgia, antes de tirar o objeto do saco.

lha objetos para colocar dentro do
 misterioso com tamanhos, formas e
uras diferentes, mas que você tem
eza de que seu filho irá identificar.

73

Descoberta por meio dos sentidos

Coloque um chumaço de algodão dentro de cada pote e pingue uma gota ou duas da mesma essência nos chumaços de um frasco verde e de um frasco azul. Use perfumes diferentes para cada um dos seis pares de frascos. Você pode usar essências aromatizantes líquidas, como baunilha, amêndoas, hortelã e limão, água de colônia ou um perfume. Em alguns frascos, pode colocar algo sólido e com odor forte e agradável no lugar do chumaço de algodão, por exemplo, *pot-pourri*, especiarias como cravo ou canela, chocolate, um morango, ou casca de laranja ou limão. Nesse caso, é preciso ter certeza de que seu filho não conseguirá ver o que está dentro do frasco. Lembre-se de que essas substâncias vão secar e perder o aroma depois de algum tempo; assim, será necessário renová-las de vez em quando. Seu filho

> "As crianças têm o sentido do olfato muito mais sensível que a maioria dos adultos."

seleciona um frasco de um conjunto, abre a tampa e se o cheiro. Em seguida, localiza o frasco correspondente outro conjunto. Então, põe de lado os dois frascos e repete o processo com os frascos restantes.

Aromas de ervas (3-5 anos)

Se você tiver um jardim de ervas ou mesmo peque vasos de ervas aromáticas na janela da cozinha, pode oferecer algumas ricas experiências sensoriais com erv aromáticas como alecrim, lavanda, manjericão e tomilh O exercício será ainda mais gratificante se seu filho tiv plantado algumas das plantas ele mesmo (ver p. 151). crianças gostam de usar um pequeno almofariz e pilão para triturar temperos de cozinha. Você também poder secar as ervas juntas e fazer experiências com aromas com a confecção de tigelinhas de *pot-pourri* ou de pequenos sachês para colocar nas gavetas.

Paladar

São quatro os sabores básicos que podemos sentir com nossa língua: doce, azedo, salgado e amargo. A maneira mais simples de introduzir o conceito de sabo falar sobre diferentes alimentos: "Mmmm, esta maçã é

Garrafinhas de cheirar
Comparar e combinar cheiros em garrafinhas que não revelam seu conteúdo ajuda a refinar o sentido do olfato da criança.

Atividades sensoriais que ajudam **as crianças a aprender**

e!" ou "Acho que essa pipoca está muito salgada! O
você acha?" Algumas crianças são extremamente
gentes em relação a alimentos com sabor forte ou
conhecido. Talvez você descubra que seu filho se
ou mais propenso a provar novos alimentos graças à
loração de novos aromas e sabores por meio de suas
eriências sensoriais. Para começar, introduza gradual-
te cada sabor com diferentes alimentos. Por exemplo,
amargo" pode ser introduzido se você oferecer ao seu
o uma porção diminuta de rúcula ou um pouco de
inha. "Alguns alimentos são amargos. Quer provar um
co do meu... ?"
Outra atividade seria sugerir que seu filho preste
ta atenção ao gosto de certos alimentos: "Nossa, sinta
eiro e o gosto do gengibre neste biscoitinho!" Você
e sugerir que seu filho feche os olhos, prove algo e
e nomear qual é o sabor. "Este parece muito com
o, mamãe!" Você também pode fazer garrafinhas de
var (ver painel a seguir).

Sabores de frutas
Comer salada de frutas frescas é uma experiência
multissensorial para o seu filho, cheia de cor,
aromas, sabores e até sons a cada mordida.

RRAFINHAS DE PROVAR (3-5 ANOS)

e seis pequenas garrafas com conta-gotas e pinte as tampas
ês delas de azul e as outras três de vermelho. Agora você tem
conjuntos de três garrafinhas com conta-gotas. Encha uma
fa de cada conjunto com um líquido que represente um dos
res básicos. Por exemplo, água açucarada (doce), suco de
(azedo) e água com sal (salgado).
lho deve lavar as mãos, alinhar cada conjunto de frascos e, então,
par cuidadosamente uma garrafa e depositar uma pequena gota
rso da mão esquerda. Peça a seu filho para lamber lentamente a

gota, a fim de sentir o sabor. Em seguida, a criança deve escolher um
frasco do segundo conjunto, desenroscar a tampa e colocar uma
gotinha na ponta de um dedo da mão direita. Tem o mesmo gosto?
Não? A garrafinha será posta de lado, e a criança repetirá o processo
até encontrar o frasco correspondente. Feito isso, deve remover as
duas garrafinhas que combinam e colocá-las de lado.
Seu filho deve lavar as mãos antes de retornar às garrafas restantes
e repetir o processo. Quando os três pares tiverem sido combinados, o experimento terminou.

Deixe que
eu faça

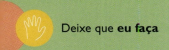

Deixe que **eu faça**

Ajude-me a fazer sozinho

A independência é a maior motivação de uma criança pequena. Enquanto se esforça para alcançá-la, a criança se diverte ao praticar e dominar muitas habilidades.

Desde o início da vida, as crianças querem praticar as habilidades que as tornarão independentes. Ajudar as crianças a aprender a fazer coisas por si mesmas, desde se vestir e se lavar até despejar líquidos em copos e preparar seus próprios lanches, as colocam no caminho da independência.

De acordo com a idade, crianças pequenas podem ser muito úteis em toda casa. Podem limpar seus quartos, ajudar a cortar vegetais, recolher suas bagunças, tirar o pó e, em geral, nos ajudar na cozinha enquanto cozinhamos e assamos alimentos. Podem aprender a pôr a mesa, levar a comida para a mesa, organizar flores e decorações. Também podem aprender boas maneiras à mesa, a receber convidados na porta de entrada e a atuar como anfitriões e anfitriãs agradáveis para seus jovens amigos, convidados e parentes que as vêm visitar. Com uma orientação carinhosa, as crianças rapidamente aprendem a

Primeiros passos
A mobilidade traz um primeiro gostinho de liberdade, ao permitir que as crianças alcancem locais mais elevados, se movimentem com maior rapidez e explorem sem ajuda.

78

Ajude-me a fazer sozinho

balhar ordenadamente, a arrumar a bagunça que ~~em~~ e a ajudar nas tarefas domésticas, e elas vão ~~estar~~ muito de pôr em prática essas habilidades.

enso de identidade

Crianças que se sentem respeitadas e competentes ~~desenvolvem~~ um sentimento de bem-estar emocional ~~muito~~ maior do que crianças que são apenas mimadas. As ~~atividades~~ deste capítulo foram projetadas para ajudar os ~~pais~~ a ensinar a seus filhos habilidades específicas da vida ~~diária~~, as quais ajudarão as crianças a se tornar cada vez ~~mais~~ independentes e autoconfiantes. Essas lições ~~pretendem~~ não apenas ensinar a habilidade em si, mas ~~também~~ ajudar seu filho a desenvolver um senso de ~~serenidade~~, concentração, cooperação, autodisciplina e ~~autossuficiência~~. Muitas dessas lições também têm ~~objetivos~~ sociais: elas ensinam a autopercepção, a ~~consideração~~ pelas outras pessoas e serviços à comunidade. Os pais têm que dar o tom e servir diariamente como ~~modelos~~ a serem seguidos para as habilidades da vida ~~diária~~. Precisamos ser equilibrados, objetivos, precisos, ~~carinhosos~~ e bondosos.

De acordo com Maria Montessori, "a essência da ~~independência~~ é ser capaz de fazer algo por si próprio. Essa ~~experiência~~ não consiste apenas em brincar. É trabalho que ~~as crianças~~ devem realizar para crescer".

ções de vida

As lições que seu filho aprende podem ser divididas ~~em~~ três áreas:
- ~~c~~uidar de si próprio.
- ~~t~~arefas diárias em casa.
- ~~g~~entileza e cortesia (ver p. 132-135).

Muitas dessas lições envolvem o domínio de habilidades motoras finas, por exemplo, como abotoar a roupa, despejar um líquido de uma pequena jarra, ou carregar coisas sem deixá-las cair nem tropeçar. Essas são lições que a maioria dos pais tenta ensinar a seus filhos quando ainda muito pequenos. Esperamos que você encontre neste capítulo algumas estratégias que ajudarão o processo a avançar sem sustos. Seu filho pode começar com qualquer idade, assim que você sentir que ele está pronto. O melhor modo de saber qual o momento certo para cada lição é prestar atenção no que seu filho está lhe contando – não apenas com palavras, mas com ações. Por exemplo, chega um momento em que seu filho se mostrará ansioso para segurar um copo. Esse será o momento certo para começar a ensiná-lo a beber líquidos por conta própria.

Adquirir independência
Procure sinais de que seu filho está pronto para fazer coisas por si mesmo e permita que ele domine novas habilidades.

Deixe que **eu faça**

Crianças adoram trabalhar e brincar

Crianças pequenas querem fazer parte do mundo dos adultos. Para elas, trabalhar é tão divertido como brincar, se tiverem a chance de fazê-lo.

A melhor maneira de incentivar seu filho a experimentar novas habilidades é demonstrá-las de forma precisa, lenta e simples, para que ele possa entender. Então, dê-lhe tempo para praticar e ter a chance de cometer seus próprios erros – e corrigi-los. Ao estabelecer limites claros e dar orientações cuidadosas, você permitirá que a criança aprenda a fazer coisas por si mesma e, ao mesmo tempo, proporcionará a ela a autoestima e a confiança que acompanham a independência.

Tente se agachar e dar uma olhada no mundo sob a perspectiva de seu filho. Ele está desenvolvendo suas habilidades em uma terra de gigantes, onde tudo está além do seu alcance ou é grande demais para que ele possa manusear.

> "É preciso demonstrar para as crianças habilidades novas de maneira simples, para que elas possam entendê-las."

Uma questão de tamanho

O primeiro passo é conseguir ferramentas e utensíl que sejam do tamanho certo para seu filho. A maioria tarefas que as crianças pequenas podem executar fica muito mais fáceis se elas tiverem à sua disposição equipamentos feitos com o tamanho adequado à sua idade. É fácil encontrar escovas de dente de tamanho infantil, mas também há copos, pratos, garfos, colheres regadores, vassouras e pincéis, e até mesmo tubos de pasta de dentes de tamanho apropriado para as crianç

As coisas de verdade

Por que você compraria para seu filho uma cozinha brincar, quando o que ele realmente quer é estar com vc ajudando de verdade na cozinha? Não estou sugerindo devamos deixar uma criança de 3 anos livre e solta com uma faca ou mexendo no forno, mas há muitas coisas q não são perigosas e que seu filho pode fazer, se você dedicar seu tempo a ensiná-lo. A criança pode facilmen misturar alimentos frios, lavar vegetais ou aprender a pô mesa. Nem sempre elas querem fazer o que estamos fazendo, e minha proposta não é que você obrigue seu a lavar a louça quando o que ele quer mesmo é brincar.

80

Trabalho de verdade
Para uma criança pequena, realizar tarefas objetivas no jardim, com o uso de equipamentos do tamanho certo, é gratificante e divertido.

Deixe que **eu faça**

Arrumar a mesa
Compre talheres de tamanho infantil. Desenhar o contorno de cada peça mostra ao seu filho como arrumar a mesa e onde colocar seu prato e copo.

Mas quando seu filho pedir ou demonstrar que quer ajudar, esteja pronto para ensiná-lo o que e como fazer. Se você reservou algum tempo para organizar sua cozinha de modo a ter uma pequena mesa de trabalho e alguns instrumentos básicos de tamanho infantil, é mais provável que seu filho queira sempre ajudar.

Passo a passo

Muitas das coisas que fazemos todos os dias envolvem várias habilidades diferentes, cada uma das quais aprendemos ao longo de nossa vida. Ao dividir as tarefas em pequenos passos, você pode ajudar seu filho a dominar cada nível de dificuldade, um por vez. Tente essa abordagem quando quiser ensinar seu filho a separar meias limpas na lavanderia, ou a colocar flores em um vaso. Pense em cada passo e em como você pode torná-lo simples de ser seguido. Enquanto demonstra cada passo, explique-o em poucas palavras, para que filho se concentre no que você está fazendo, e não no está dizendo. Em seguida, deixe que seu filho pratique adquirir competência em cada estágio.

Aprender a andar de bicicleta é uma boa analogia Quando a criança está pronta, normalmente seus pai compram um triciclo e deixam que ela aprenda a sub descer dele, a guiar o triciclo e a manejar os pedais. Embora triciclos sejam seguros, geralmente não têm freios, de modo que os pais tomam alguns cuidado a permitir que seu filho suba no brinquedo. O próximo passo pode ser uma bicicleta de equilíbrio, do tipo ser pedais. Ao impulsionar a bicicleta, a criança levanta c

Crianças adoram **trabalhar e brincar**

s do chão e gradualmente desenvolve o equilíbrio. esse ponto, os pais introduzem uma bicicleta de rdade, munida, em alguns casos, de estabilizadores para dar a manter a bicicleta maior na posição vertical, quanto a criança se acostuma com os pedais, o guidão os freios. Conforme ganha confiança, a criança pede e as rodas de treinamento sejam removidas. E logo a ança pedala em alta velocidade, enquanto os pais nstantemente a lembram de usar o capacete.

Passo a passo, esse processo de dominar uma bilidade da vida cotidiana fica facilitado por um nejamento cuidadoso, instruções pacientes e o apoio s pais. Lições como essas terão continuidade à medida e as crianças crescem. O processo de ensinar seu filho olescente a conduzir um automóvel é um bom exemplo uma habilidade da vida cotidiana que seu filho renderá quando já estiver quase adulto. Aprender a ar com conflitos com amigos, administrar o dinheiro e guardam e planejar uma pequena festa são outros emplos.

Talvez uma das coisas mais difíceis a fazer enquanto s, depois que ensinamos uma nova habilidade aos ssos filhos, é permitir que eles continuem a praticar a ilidade como parte de sua vida cotidiana, sem nossa erferência. Embora jamais nos ocorra sugerir que uma nça que já aprendeu a andar de bicicleta volte a usar inhas estabilizadoras, com que frequência nos amos "embrulhando" nossos filhos em casacos ou ando seus sapatos – muito tempo depois de já terem nonstrado capacidade para realizar essas tarefas nhos?

Instrução cuidadosa
Quando ensinamos uma criança a andar de bicicleta, escolhemos a bicicleta certa para cada etapa e oferecemos instruções passo a passo.

Deixe que **eu faça**

Senso de ordem

Um elemento fundamental no ensino das habilidades diárias das crianças é manter tudo arrumado. No período sensível crucial para a ordem (ver p. 16), seu mundo precisa ser bem organizado. Se lhes indicarmos o lugar de cada coisa e como retorná-las corretamente ao terminar de usá-las, as crianças internalizam esse senso de ordem e carregam-no com elas durante o resto de suas vidas.

A maioria das pessoas fica sobrecarregada pelo caos que rapidamente se instala pela casa se deixarmos as coisas abandonadas. As crianças são particularmente sensíveis a essa situação. Embora muitas vezes sejam mestres na criação de desordem, a maioria delas tem dificuldade em fazer a limpeza sozinha. A abordagem mais eficiente é ensiná-las a limpar à medida que forem avançando. Embora algumas crianças possam ter nascido com um "gene da arrumação", todas podem ser ensinadas desde o início a trabalhar e a brincar de

forma ordenada, sem sufocar sua criatividade ou despojá-las de seu tempo de brincadeiras. O segredo estabelecer uma regra básica e, de modo gentil, mas firme, ensinar à criança que, embora ela possa escolher qualquer objeto de suas prateleiras para trabalhar e brincar durante o tempo que desejar, deverá retornar esse objeto ao terminar a atividade, e que não poderá retirar outra coisa de novo até que o último objeto ten retornado à prateleira.

Alguns brinquedos são mais divertidos quando usados em conjunto com outros brinquedos – um conjunto de blocos de construir e uma coleção de carros de brinquedo, por exemplo. Nesses casos, bast que você junte os dois brinquedos em uma coleção única. As crianças são capazes de aprender regras especiais com facilidade; por exemplo, a ideia de que carros e blocos de construir são guardados juntos, e não há problema em brincar com ambos ao mesmo tempo. A ideia-chave é fazer com que todos os carrinhos e blocos retornem à prateleira antes que seu filho prossiga para o próximo projeto.

Etiquetas fotográficas

Use fotos em recipientes de armazenamento para ajudar seu filho a devolver as coisas ao lugar certo. Out opção é colocar, em cada prateleira, uma foto que mos à criança qual deve ser o aspecto da prateleira quando todos os brinquedos, jogos, livros e outros itens armaze dos tiverem sido retornados na ordem correta. Isso permite que seu filho use a foto como um controle de erro (ver p. 87) sempre que estiver devolvendo objetos prateleira, depois de acabar de brincar ou trabalhar, ou depois de inspecioná-los em busca de algum estrago.

Armazenamento prático

Como você deve se lembrar, não recomendo o uso c caixas de brinquedos (ver p. 39). Instale prateleiras baixa para armazenar os livros, brinquedos e jogos da criança

Aprender a organizar
Ensine seu filho a tirar um livro de cada vez da prateleira, a virar as páginas com cuidado, sem rasgá-las, e a retornar o livro depois de usá-lo.

Crianças adoram **trabalhar e brincar**

u próprio quarto e nos demais espaços da casa onde a
mília tende a passar mais tempo. Encontre formas de
nfinar brinquedos com muitas partes, para que não se
palhem por todo canto. Normalmente, usamos algum tipo
recipiente que seja grande o suficiente para conter todas
peças e resistente o bastante para não se desmantelar ou
recer desgastado pelo uso. Dependendo da natureza de
terminado brinquedo, um recipiente de plástico robusto,
na cesta forte, uma caixa de madeira resistente, ou talvez
na grande jarra ou tigela sejam boas soluções.

reas definidas para trabalho/jogos

Você provavelmente não quer que seu filho faça
nturas a dedo no meio do tapete da sala de estar. E
rtamente também não vai querer que ele pinte as
redes. Pense em cada atividade e brinquedo que você
ponibilizará ao seu filho e determine onde ele poderá
balhar/brincar com segurança sem fazer uma bagunça
e ele mesmo terá dificuldade em limpar. Algumas
vidades devem ser feitas na cozinha ou em um espaço
m piso cerâmico, a fim de facilitar a limpeza de comida
tinta derramada. Algumas atividades podem ser
lizadas na sala de estar, mas não em locais onde
igarão as pessoas que entram e saem do cômodo a
viar. Outras atividades são próprias para o ar livre,
no trabalhos em madeira ou brincadeiras com bola;
im, elas devem ser praticadas no jardim.

Estabeleça seu plano e, então, ensine seu filho a fazer
coisas corretamente, em vez de puni-lo ou criticá-lo
cometer erros. Se seu filho estiver com um brinquedo
lugar errado, redirecione a criança para o local
opriado a essa atividade. Se alguma sujeira tiver sido
a, é razoável, dependendo da idade do seu filho,
erar que ele a limpe, ou que pelo menos ajude na
umação. Frequentemente isso não funciona bem com
nças pequenas. Nesse caso, a prevenção é a única
esa. Não permita que seus filhos tenham acesso a algo
e não devem usar.

Estender o tapete
Brincar sobre uma esteira
ou tapete limita as atividades,
o que evita que as peças
se espalhem.

85

Deixe que **eu faça**

O CÉREBRO DE SEU FILHO

As crianças prosperam com rotina e ordem, mas será que uma casa bagunçada afeta o comportamento do seu filho? Um estudo com famílias britânicas revelou que um ambiente caótico é passível de induzir maus comportamentos em crianças, independentemente do tipo de cuidados parentais. E nos casos em que os cuidados parentais eram deficientes, uma casa desarrumada piorou significativamente o efeito negativo sobre a conduta das crianças.

Não há problema em brincar com algumas coisas em um sofá; com outras, é melhor usar uma mesa. No entanto, frequentemente as crianças acham que, para muitas das suas atividades prediletas, o melhor é ficar no chão. Dê ao seu filho tapetes ou esteiras para definir sua área de trabalho/brincadeira. Brinquedos e quebra-cabeças tendem a espalhar-se por toda a sala se você não ajudar seu filho a confiná-los de alguma forma. Um tapete, medindo talvez 75 × 120 cm, define uma excelente área de trabalho/brincadeira no chão. Para projetos maiores, por exemplo, uma cidade gigante construída com blocos, seu filho poderá usar dois tapetes estendidos lado a lado. Ensine a criança a enrolar e desenrolar seu tapete e a guardá-lo em uma cesta.

Manobras seguras

Pense em como seu filho pode transportar com segurança e cuidado cada brinquedo ou utensílio da prateleira até o local onde quer trabalhar e brincar. Muitas vezes, a melhor maneira será transportar os brinquedos em seu próprio recipiente. Alguns brinquedos, jogos ou utensílios são facilmente transportáveis – uma boneca, por exemplo. Outros têm muitas peças e, em alguns casos, o conjunto é grande ou pesado demais para uma criança. Nesse caso, providencie bandejas pequenas que possam ser usadas por seu filho para transportar peças suficientes para trabalhar em uma ou mais viagens. Tenha em mente que as crianças não sabem automaticamente como transportar coisas em uma bandeja sem derrubá-las. Assim, será preciso fazer uma demonstração e deixar que seu filho pratique. Crianças que tenham dificuldade em usar uma bandeja talvez prefiram uma cesta pequena ou um carrinho.

O orgulho de ser dono

Ensine seu filho a cuidar de seus brinquedos e demais pertences. Em vez de puni-lo se ele quebrar alguma coisa ou simplesmente comprar outro em substituição, reserve um tempo para mostrar à criança como usar as coisas corretamente. Se um brinquedo, jogo ou qualquer outra coisa se quebrou, verifique se pode ser reparado e, então, transforme esse processo em uma lição. Incentive seu filho a ajudá-lo a consertar coisas e ensine-o a fazer reparos simples. Demonstre como você cuida pessoalmente da casa e incentive seu filho a fazer o mesmo diariamente. Chame sua atenção para os pequenos detalhes, como recolher pedaços de papel espalhados, miçangas ou qualquer lixo do chão.

"Se um brinquedo ou jogo se quebrou, verifique se pode ser reparado e, então transforme esse processo em uma lição."

Crianças adoram **trabalhar e brincar**

ontrole de erro

Sempre que possível, tente construir um controle
erro em cada atividade, para que fique claro para
 filho quando ele cometeu um erro. A lógica
jacente a deixar que uma criança use copos e
las que quebram se caírem ou se forem utilizados
evidamente é que, ao usarem tais utensílios, as
nças rapidamente aprendem a ser cuidadosas e
troladas. Erros são uma oportunidade de demons-
 pacientemente ao seu filho, mais uma vez, como
r uma tarefa corretamente, e, em geral, isso dá a
rtunidade de uma nova lição sobre resolução de
olemas: "Como juntamos todas essas miçangas?",
 Como catar as peças quebradas com segurança?"

leza e harmonia

Selecione brinquedos, ferramentas e outros itens do
a dia que serão usados por seu filho com base em
 tamanho apropriado, facilidade de manipulação e
za. Ao escolher bandejas, jarras e outros utensílios
 o uso, por seu filho, nas habilidades cotidianas (ver
0-107), evite objetos de má qualidade e feitos de
tico – procure, em vez disso, os materiais mais
entes que você puder encontrar, dentro de suas
ses; é mais provável que seu filho cuide deles.
nças respondem à beleza da madeira, vidro, prata,
 e materiais naturais assemelhados.
Crianças pequenas absorvem e se lembram de
s as nuances de seu primeiro ambiente familiar. O
tivo é que você planeje atividades que atraiam o
esse do seu filho e crie ambientes harmoniosos e
tos preparados para a criança.

Brinquedos bonitos
Em um mundo onde tantas coisas são feitas de plástico e
são espalhafatosas, as crianças são atraídas
pela beleza dos materiais naturais, como a madeira.

87

Deixe que **eu faça**

Aprender a usar o banheiro

Ao aprender a cuidar de si mesmo – desde lavar as mãos até escovar os dentes –, seu filho se sentirá seguro e capaz.

Muitas das habilidades de que seu filho precisa para cuidar de si são aprendidas no banheiro. Observe atentamente seu banheiro e faça as mudanças necessárias (ver p. 43), a fim de se certificar de que ele seja um lugar seguro e confortável para seu filho tentar realizar as atividades a seguir.

Abrir e fechar a torneira

Esta é uma tarefa simples. Ela requer uma pequena plataforma em frente à pia que seu filho usa, a qual permita que ele se erga o suficiente para alcançar e usar a torneira. Certifique-se de ter por perto uma pequena toalha de mão, para que a criança possa secar as mãos.

Mostre ao seu filho como remover a tampa do ralo da ou abrir o dreno e explique que é muito importante nã permitir que a água transborde da pia. Mostre a tornei de água fria e diga: "Esta é a torneira de água fria". Mostre, então, a torneira de água quente e diga: "Esta torneira abre a água quente. Tenha muito cuidado! A á sai tão quente que pode machucar você".

Agora abra um pouco a torneira de água fria, deva e volte a fechá-la. Convide seu filho a abri-la. Se a crian abrir rápido demais, diga: "Você deve ter cuidado para não abrir a torneira com muita rapidez, porque a água espirrar por toda parte". Em seguida, peça a seu filho fechar a torneira. Não se surpreenda se ele abrir a água com toda a força na tentativa de fechar a torneira. O objetivo da lição é ensinar a criança a controlar o fluxo água na pia. Repita a lição o número de vezes necessá e enfatize sempre qual é a torneira de água fria e qual de água quente, e como abrir e fechar suavemente o fl

Táticas com a torneira
Aprender maneiras seguras de controlar a água corrente de uma torneira é um grande passo para obter independência no banheiro.

Aprender a **usar o banheiro**

Quando seu filho tiver dominado a atividade de abrir [e] fechar a água fria, convide-o a tentar o mesmo com a [ág]ua quente. Se a pia tem torneiras misturadoras, faça [co]m que o jato de água fria flua primeiro. Explique: "Se [abr]irmos a água fria primeiro, e depois abrirmos a água [qu]ente, os jatos se misturam e a água fica morna, mas [nã]o quente". Mostre ao seu filho como tocar levemente a [bor]da do fluxo de água a fim de avaliar quão quente ou [fri]a está a água que sai da torneira. Mostre também como [aju]star a temperatura ao abrir mais a torneira de água [qu]ente ou ao diminuir seu fluxo. Se a pia tiver torneiras [sep]aradas para água quente e fria, mostre à criança como [des]pejar água fria na pia com o ralo tampado, depois [abr]ir a torneira de água quente e acrescentar água quente [até] que a água na pia fique morna.

Para terminar o exercício, você e seu filho secam as [mã]os. Não se surpreenda se a criança quiser praticar esse [exe]rcício várias vezes durante algum tempo.

[L]avar as mãos

Quando seu filho entender como operar a torneira, [intr]oduza a ideia de usar sabonete e água morna para [lav]ar as mãos. Na estação fria e durante surtos de gripe, é [mu]ito comum que os germes se disseminem quando as [cri]anças tocam olhos, nariz ou boca com os dedos. Uma [da]s formas mais eficazes de diminuir a propagação de [inf]ecções é incentivar seu filho a lavar as mãos com [fre]quência, esfregando-as com sabonete sob água [cor]rente durante pelo menos 30 segundos.

As maravilhas de se lavar
O sabonete retira os germes da pele de seu filho. Você também pode mostrar à criança como usar um frasco dosador com um produto antibacteriano para lavar as mãos.

Rosto limpo
Certifique-se de que seu filho tenha suas próprias toalhinhas em um nível que consiga alcançar. Mostre-lhe como torcer a toalhinha antes de limpar o rosto.

[BR]INCADEIRAS NA ÁGUA

[As c]rianças adoram brincar na água, assim, é uma boa ideia [prep]arar um local onde seu filho possa brincar com segurança. [Pod]e ser a pia, uma bacia ou uma mesa de água pré-escolar [colo]cada em uma sala com piso de cerâmica, onde a água [derr]amada possa ser facilmente enxugada. Nos meses de verão, [leve] as atividades de brincadeira com água para o jardim.

Estabeleça e aplique algumas regras básicas, por exemplo, não espirrar água em ambientes fechados, e não permitir objetos cortantes ou elétricos perto ou dentro da água.
Providencie alguns objetos divertidos para o seu filho brincar: rodas de água, barquinhos, um funil, uma pequena boneca lavável e copos e garrafas para esvaziar e encher.

89

Deixe que **eu faça**

Cuidados com os dentes
Compre uma pequena escova de dentes para seu filho e ensine-o a escovar corretamente os dentes, a lavar a escova e a colocá-la de volta no seu suporte.

Cabelos penteados
Ter sua própria escova de cabelos ajuda a criança a se orgulhar de sua aparência. Se os cabelos estiverem embaraçados, ofereça ajuda, mas permita que ela faça o máximo que puder sozinha.

O sabonete não mata os germes, mas amolece as impurezas e sujeiras. Lavar as mãos com um sabonete s água corrente é efetivo porque quase todos (ou todos) germes nas mãos do seu filho serão lavados e descerão pelo ralo. Não há mal em explicar por que fazemos cois como esta. Faça isso com uma linguagem simples e um breve explicação.

Escovar os dentes

Assim que souber usar a pia, seu filho precisará de uma pequena escova de dentes e um espelho. Peça orientação ao seu dentista sobre a introdução de pasta de dentes com flúor e sobre a melhor forma de escovação. Depois, ensine seu filho a escovar. A regra geral é escovar duas vezes por dia; se sua família costuma escovar os dentes depois de cada refeição, aguarde 30 minutos antes de escovar, porque após o contato com alimentos ácidos, o esmalte dental precisa de tempo p voltar a endurecer.

Hora do banho

Muitas crianças gostam de estar com a mamãe ou papai na hora do banho, e é bom supervisionar seu filh até ter total certeza de que ele já tem idade suficiente e capaz de se banhar com segurança. Geralmente, em algum momento entre os 3-5 anos, seu filho demonstra que já tem idade suficiente para se banhar. Permita, ma certifique-se de que ele sabe lavar os cabelos e o corpo corretamente.

Escovar os cabelos

Certifique-se de que seu filho tenha sua própria escova ou pente e mostre a ele como escovar e arrum os cabelos. Se a criança preferir que você escove os cabelos dela, tudo bem. Com o tempo, talvez a crianç queira aprender a usar grampos e faixas elásticas de fácil uso.

Aprender a **usar o banheiro**

Rápido para aprender
Organize um pequeno espaço no banheiro para seu filho onde ele possa pegar facilmente todas as coisas que precisar.

Apresentação do treinamento de banheiro

Aprender a usar o banheiro é um processo natural, que se inicia quando o desejo do seu filho de ser grande e seu desenvolvimento neurológico atingiram o ponto em que ele é capaz de controlar a bexiga e o intestino. Não treinamos crianças para usar o banheiro, nós as ajudamos quando estão prontas. Essa prontidão depende, em grande parte, da maturação do sistema nervoso da criança, e isso tende a variar de uma criança para outra. Não devemos apressar o processo, e certamente uma atitude paciente e tranquila é uma virtude. Mas, como tantos aspectos da nossa vida com crianças, se compreendermos como as coisas se desenvolvem, poderemos preparar o ambiente e desempenhar um papel de apoio.

Tudo gira em torno do incrível cérebro e sistema nervoso do seu filho. Ao nascer, o cérebro e o sistema nervoso da criança ainda estão em um estágio incompleto de desenvolvimento. Entre o nascimento e os 18 meses, as células do sistema nervoso ficam revestidas por mielina, uma substância gordurosa que facilita a transmissão de impulsos entre as células de forma ma[...] eficiente em todo o sistema nervoso. Isso permite que[...] bebês e crianças pequenas obtenham controle e coordenação dos movimentos cada vez mais refinados[...]

Esse processo de mielinização, ou de integração d[...] sistema nervoso, se desenvolve por etapas. Os bebês adquirem o controle da cabeça, depois dos braços e[...] tronco e, finalmente, das pernas e pés. A partir de movimentos aleatórios, os bebês adquirem a capacida[...] de se mover com propósito e controle conscientes.

Curiosidade pelo banheiro

Por volta de 1 ano de idade, é comum que as crian[...] se interessem pelo banheiro. Elas gostam de dar desca[...] e muitas vezes querem brincar com a água no vaso sanitário. Se este for o caso do seu filho, permita que e[...] tenha acesso a atividades com água mais apropriadas,[...] exemplo, na pia do banheiro. Mais ou menos nessa ép[...] as crianças também ficam fascinadas com seus "cocôs[...] "xixis." Não fique surpreso ou ofendido. Basta explicar[...] que "todo mundo faz cocô – é como nossos corpos se livram daquela parte do que comemos e não podemos[...] usar".

Por volta dos 15 meses, muitas crianças ficam interessadas em se vestir e se despir. Frequentemente[...] também mostram interesse em usar calças e podem querer experimentar as roupas de seus irmãos mais velhos, ou de seus pais. Provavelmente essa é uma indicação de que eles estão ficando curiosos com rela[...] ao uso do banheiro.

Por volta dos 18 meses, o sistema nervoso das cria[...] já está muito mais desenvolvido e integrado, e elas entr[...] em um período sensível no qual podem reconhecer as sensações físicas e começam a controlar os músculos d[...] bexiga e do esfíncter. Nessa fase, muitas crianças já têm[...] capacidade física e o interesse em controlar a bexiga e[...] intestino. Se tiverem a oportunidade de passar o maior

DICAS DE TREINAMENTO

- **Seja paciente** e incentive seu filho.

- **Prepare seu banheiro** para ajudar seu filho a se tornar independente.

- **Vista seu filho com calças** de algodão durante o dia.

- **Ensine seu filho a se despir,** se limpar, dar a descarga e se vestir novamente, passo a passo, quando ele estiver pronto para começar a usar o banheiro.

- **Explique as funções corporais** pacientemente.

- **Mantenha toalhas velhas à mão,** para que seu filho possa limpar possíveis acidentes.

- **Em caso de acidentes,** seja compreensivo.

Aprender a **usar o banheiro**

po possível com calças, em vez de fraldas, passarão a
maior consciência dessas funções corporais e demons-
ão uma propensão muito maior a aprender a reconhe-
a sensação quando a bexiga estiver cheia. Se você
ou sinais dessa percepção em seu filho, tente vesti-lo
n calças de algodão, pelo menos quando ele estiver em
a durante o dia. Acidentes ocasionais ocorrerão, mas
também se tornará vivamente consciente disso.
ndo as crianças usam fraldas descartáveis, raramente
cebem quando estão molhadas ou sujas.
A essa altura, muitas crianças demonstrarão vontade
e sentar no vaso ou em um penico, numa imitação
eus pais e irmãos mais velhos, mesmo que ainda
tenham desenvolvido o controle da bexiga e do
stino. Apoie gentilmente o interesse do seu filho,
nando-o a abaixar as calças, sentar no vaso sanitário
etamente, usar papel higiênico para se limpar, voltar
stir as calças, dar a descarga e lavar as mãos.

na abordagem consistente

Deve ser possível manter essa abordagem de uso do
heiro em uma escola montessoriana, mas admito que
tuação não seja viável para todos. Para algumas
nças, o treinamento pode ter início mais tarde, mas o
to importante é ser consistente quando o processo
eçar e pedir aos cuidadores do seu filho para
uirem suas orientações.

Esteja preparado para acidentes ocasionais, mesmo
n crianças maiores. Quando ocorrerem, fique calmo e
a uma atitude tranquilizadora. Tenha à mão calças
as em um lugar onde seu filho possa encontrá-las e
eça uma cesta e algumas toalhas velhas para enxugar
cidente". Ajude seu filho se ele pedir, ou se estiver
amente abalado, mas não interfira desnecessariamen-
ois isso fará com que ele se sinta envergonhado.

Eu consigo!
O uso do penico é um processo natural que decorre do desenvolvimento neurológico e do impulso da criança em busca de sua independência.

93

Deixe que **eu faça**

A arte de
se vestir

Em pouco tempo, seu filho vai começar a se despir e se vestir sem avisar.

Em algum momento entre 6 meses e 1 ano, quase todas as crianças começam a oferecer a mão ou o pé enquanto estão sendo vestidas. Por volta dos 18 meses, muitas crianças demonstram a vontade de começar a usar calças como seus irmãos mais velhos ou seus amigos (ver p. 92-93). Algumas crianças podem demonstrar prazer em se vestir e se despir, e não é raro que crianças dessa idade experimentem as roupas de seus pais ou irmãos mais velhos. Todos esses são sinais de que seu filho está pronto para começar a se vestir.

Quando seu filho começar a dar indícios de interesse, reserve algum tempo para sessões de experimentação de bonés, cachecóis e chinelos. Sente-se no chão ao lado de seu filho e vistam, ambos, as calças, depois as meias e, finalmente, uma camiseta ou moletom. Transforme sua cuidadosa demonstração em um jogo.

Tudo ao alcance

Você deve se lembrar de que, ao descrever como organizar o quarto do seu filho (ver p. 42-45), falei sobre a importância de providenciar ganchos, cabides, prateleiras e cestas situados em locais baixos o suficiente para seu filho alcançá-los por conta própria, e gavetas que ele possa abrir com facilidade. Examine cuidadosamente quarto do seu filho e certifique-se de que tudo está acessível e no lugar certo.

À medida que as crianças crescem e se tornam n independentes, uma boa ideia é dar-lhes escolhas. Separe duas roupas para que seu filho escolha uma d a cada manhã. Conforme o dia chega ao fim, discuta com a criança as roupas que ela gostaria de usar na manhã seguinte. Também ajudará se você comprar roupas que a criança possa pôr e tirar sozinha. Procu calças com cintura elástica. Evite roupas que tenham muitos botões ou zíperes até que seu filho esteja pror para enfrentar (e curtir) esse desafio. Escolha sapatos enfiar ou que fechem com velcro. Tente ser paciente com seu filho durante o processo de aprender a se ve Crianças pequenas precisam de muita prática e, quar começam a trabalhar suas habilidades para pôr/tirar roupa, precisam de tempo e oportunidades para aperfeiçoá-las.

Domínio completo
Dê tempo a seu filho para praticar e ele logo dominará até mesmo os fechos mais complicados.

Deixe que **eu faça**

OS PRIMEIROS FECHOS

Incentive seu filho a praticar habilidades necessárias para se vestir antes de experimentá-las em suas roupas.

Abotoar as roupas
Deixe que seu filho pratique as atividades de abotoar e desabotoar em uma roupa com botões grandes e que possa ser colocada no chão.

Moldura para treinar laços
Esta estrutura possui duas fitas de cores diferentes, uma presa a cada lado, para ajudar a criança a dominar a habilidade de fazer laços.

NA PRÁTICA Vestir-se

O melhor momento para praticar essa atividade é quando ninguém está atrasado ou com pressa. Reserve algum tempo para alguns jogos descontraídos de experimentação.

Eu consigo me vestir!
Por volta dos 18 meses, seu filho talvez comece a demonstrar interesse em se vestir sozinho.

A arte de **se vestir**

rontar-se
r peças simples, por exemplo, um boné e um cachecol,
 bom ponto de partida quando seu filho estiver pronto
   dominar as habilidades necessárias para se vestir.

Calçar as meias
Para calçar suas próprias meias, a criança precisará de destreza manual. Mostre a ela como colocá-las em volta do pé corretamente e depois puxá-las para cima.

atos de velcro
patos com fecho de velcro são os que mais facilitam o
dizado das crianças pequenas quando se sentem prontas para
ar a calçar seus sapatos sozinhas.

O laço dos sapatos
Em geral, aprender a dar laços é uma atividade que depende de muita prática. Uma moldura para treinar laços (ver página ao lado) será útil quando seu filho começar a aprender essa habilidade.

97

Deixe que **eu faça**

> **PASSO A PASSO** **Vestir o casaco**

Este método simples de vestir o casaco é eficaz e divertido para as crianças. Há algo mágico na forma como o casaco desliza no corpo e sempre acaba achando o caminho certo.

Um
Eden coloca o casaco no chão com o forro voltado para cima e se agacha acima de onde está o capuz.

Dois
Eden enfia as mãos nas mangas e levanta o casaco acima da cabeça. As mangas deslizam sobre os braços.

Três
O casaco cai adequadamente sobre suas costas, e Eden ajeita a parte da frente.
"Viu só, eu consigo sozinho!"

Quatro
Depois de praticar até a perfeição, Eden agora é capaz de colocar sozinho o casaco em menos de 30 segundos. Ele sorri orgulhosamente.

A arte de **se vestir**

Colocar um casaco pode ser o aspecto mais complicado de se vestir para uma criança pequena. De vez em quando, mesmo os adultos têm dificuldade para encontrar a das mangas do casaco. Nas escolas montessorianas, s meses de inverno, quando um grande grupo de nças pequenas precisa vestir os casacos ao mesmo po para ir brincar ao ar livre, elas aprendem uma nica simples que as ajuda a se aprontar com o mínimo auxílio. Essa técnica é fácil de usar também em casa página ao lado).

eparação ajuda

Comece por organizar seu *hall* de entrada com uma ateira e um gancho baixo no qual seu filho possa durar o casaco (ver p. 42). Mostre ao seu filho como ar as mangas do casaco da forma correta todas as es que a criança for pendurá-lo. Em seguida, mostre no ele deve vestir o casaco. Para tanto, siga as as na sequência à esquerda. Um ponto importante ordar o casaco pela extremidade do colarinho (nas neiras vezes, muitas crianças acabam com o casaco cabeça para baixo), portanto, demonstre essa etapa cuidado. Depois de ter dominado esse truque para ir o casaco, seu filho sentirá uma enorme sensação ndependência e de realização; por isso, deixe-o icar quantas vezes ele quiser.

"ente ser paciente com u filho durante o ocesso de aprender a se stir. Crianças pequenas ecisam de muita prática."

ORDEM DOS SAPATOS

Com frequência, calçar o sapato no pé certo é tarefa problemática para as crianças pequenas. Usar pregadores de roupas para juntar pares de sapatos ajuda a manter calçados e botas organizados em pares, prontos para que seu filho os encontre com facilidade. Se os sapatos forem unidos corretamente com o pregador, a criança encontrará seus sapatos direito e esquerdo na posição correta quando estiver pronta para calçá-los.

99

Deixe que **eu faça**

Ajudar nas
tarefas da casa

É natural que as crianças queiram estar conosco pela casa quando são pequenas. A maioria quer ajudar, pois assim elas se sentem úteis e mais "crescidas".

Se você pensar nas tarefas domésticas como uma atividade familiar em que os filhos são bem-vindos, mesmo quando muito novos, poderá incutir nas crianças um sentimento de orgulho em manter a casa e o jardim organizados e limpos. O trabalho nunca deve ser pensado como uma tarefa árdua, mas como uma atividade conducente a um senso de ordem e realização. Obviamente, as crianças não sabem fazer tudo o que nós sabemos, e muitas vezes parece mais fácil que simplesmente nós mesmos façamos as coisas. Ao reservar algum tempo para preparar o ambiente a fim de ensinar pacientemente as crianças a fazer as coisas passo a passo, você dá continuidade ao processo de ensinar habilidades e também atitudes com relação ao trabalho.

A abordagem certa

Comece por reunir os equipamentos: seu filho precisará de vassoura, esfregão e balde de tamanho infantil, seu próprio espanador, panos de limpeza e acesso restrito aos lustradores e outros produtos de limpeza que você usa. Ele também precisará alcançar de algum modo as áreas onde mais quer ajudar, por exemplo, a pia da cozinha. Lembre-se de que, enquanto os adultos fazem suas tarefas sem pensar no processo, as crianças precis ter tarefas complexas divididas em pequenas etapas. Enquanto seu filho estiver aprendendo uma habilidade será preciso ritualizar essas etapas, certificando-se de tudo seja feito sempre com o mesmo equipamento e n mesma ordem. As crianças aprendem por meio de prá e repetição. Não se surpreenda se seu filho fizer a mes. tarefa repetidamente durante várias semanas ou mese até dominar a habilidade.

Evidentemente, o objetivo não é transformar seu filho em um pequeno escravo. Às vezes, ele estará ansioso para ajudar; outras vezes, estará absorvido e outra atividade. Geralmente, o chamariz será o desejo ter sua atenção e aprovação. Provavelmente seu filho não desejará sair pela casa sozinho para cumprir algu tarefa. Em vez disso, é mais provável que a criança o acompanhe e o ajude no trabalho que você estiver realizando. Se você abordar as coisas sem impaciênc sem críticas, e sem refazer o trabalho da criança por estar perfeito, ela terá imenso prazer em ajudá-lo a cuidar da casa dela.

100

Ajudar nas **tarefas da casa**

PASSO A PASSO   Varrer a casa

...vassouras são irresistíveis para as crianças. Essa atividade simples, dividida em etapas cuidadosas, ensina uma ...bilidade que a criança exercitará sempre que ajudar na limpeza após terminar uma atividade.

Um
Um quadrado colado no piso da cozinha dá a Catherine um local específico para onde poderá varrer a sujeira.

Dois
Depois de aprender a segurar a vassoura com as suas mãos, a menina varre cuidadosamente a sujeira para o quadrado.

Três
Para terminar, Catherine usa uma pá e uma escova para coletar a sujeira. A menina segura a pá e se levanta cuidadosamente, prestando atenção o tempo todo ao se dirigir até a lixeira.

Deixe que **eu faça**

Limpo e seco
Eden seca cuidadosam[...]
os pratos depois do ja[...]
e se orgulha em
ajudar seus pais.

Ajudar nas **tarefas da casa**

NA PRÁTICA Seus pequenos ajudantes

 tomar medidas cuidadosas para mostrar às crianças como realizar tarefas "de gente grande", você as ajudará a se
nar membros úteis da família e a desenvolver um senso de amor-próprio.

ncadeira com água
 Rose gosta de lavar a louça –
 divertido como brincar na água, mas
 responsabilidade e resultados reais.

graxar os sapatos
axar sapatos dá a Luc um senso
onquista que permanecerá com ele
re que o menino olhar para seus pés.

Tirar o pó
Usar o espanador para ajudar no trabalho doméstico é uma das atividades favoritas de Fred.

103

Deixe que **eu faça**

Aprender a despejar líquidos

Confiar em uma criança pequena para despejar sua própria bebida é impensável para muitos pais; contudo, mais uma vez, essa é uma habilidade que pode ser dividida em etapas e ensinada por meio de uma prática agradável. Seu filho aprenderá a despejar líquidos com muito mais facilidade se você oferecer a ele jarras pequenas dotadas de alças do tamanho certo para as pequenas mãos e que, quando estiverem cheias, não sejam pesadas demais para ele controlar. Todo o processo também fica facilitado se, como primeiro passo, você ensinar seu filho a despejar algo seco, por exemplo, arroz cru ou lentilhas, de uma pequena jarra para outra. Para esse primeiro exercício, jarras pequenas, do tipo usado para creme, são o melhor tamanho.

A escolha de recipientes de porcelana ou vidro resistentes em vez de plástico estimula seu filho a tomar mais cuidado com o que está usando. Uma boa ideia é colocar uma bandeja colorida debaixo das jarras, assim, grãos derramados ficarão contidos e, depois de terminada a prática, serão rapidamente visualizados, o que facilitará limpeza. Mostre ao seu filho como agarrar a alça da jarra com a mão com que ele se sente mais à vontade.

NA PRÁTICA Despejar de jarras pequenas

Despejar um líquido é uma atividade prazerosa para as crianças. Com o uso de duas jarras pequenas e um pouco de arroz ou lentilhas, essa atividade ajudará seu filho a aperfeiçoar a técnica, antes de passar para os líquidos.

Um
Lily-Rose pratica despejar lentilhas de uma jarra para outra. Grãos derramados caem na bandeja colorida.

Dois
Lily-Rose segura a jarra com as duas mãos e pratica despejar água em vez de lentilhas.

Ajudar nas **tarefas da casa**

seguida, demonstre a forma certa de apoiar a jarra
 a outra mão, logo abaixo do bico. Isso possibilitará
ximo controle enquanto a criança estiver despejando o
terial. Aqui, o exercício é derramar o arroz seco ou as
tilhas de uma jarra para a outra. Em seguida, a criança
ete o processo com a outra jarra. Enfatize a importância
 ser cuidadoso. "Veja se você consegue derramar o arroz
uma jarra para a outra sem deixar cair nenhum grão."

 Depois que seu filho dominar essa tarefa, você pode
nentar o grau de dificuldade com jarras ligeiramente
iores; em seguida, peça que tente derramar o arroz em
um copo. Para aumentar a probabilidade de sucesso, coloque na jarra uma quantidade de arroz exatamente igual à capacidade do copo. Finalmente, quando achar que seu filho está pronto, use água na jarra em vez de arroz seco. Nessa fase, desafie seu filho a despejar a água no copo sem derramar uma única gota.

Lembre-se de que seu filho não vai aprender esse processo em um único dia. A maioria das crianças pequenas levará muitos meses de prática na obtenção da coordenação mão-olho necessária para despejar líquidos corretamente e sem nenhuma ajuda.

s
a, Lily-Rose já é capaz de despejar água
adosamente sem derramar e pode servir-se de
opo de bebida sempre que estiver com sede.

COMER COM COLHER

No processo de tentar ensinar aos nossos filhos boas maneiras à mesa, parte da tarefa consiste em ajudá-los a obter suficiente controle muscular fino para que sejam pelo menos fisicamente capazes de levar o alimento do prato até a boca sem deixar cair.

A realização de alguns jogos para aquisição de prática com tigelas, colheres e garfos ajudará a desenvolver habilidades para as refeições. Comece com uma bandeja e duas tigelas, uma das quais preenchida com algo bastante fácil de pegar com a colher, como feijões-manteiga secos. Você precisará de uma colher que seja do tamanho certo para seu filho. Mostre a ele como transferir os feijões, um de cada vez, de uma tigela para a outra. Desafie seu filho a fazer isso sozinho. Ao terminar, a criança poderá repetir o processo quantas vezes quiser. Quando ele for capaz de fazer isso sem derramar, aumente o nível de dificuldade e substitua o feijão-manteiga (que é grande) por outra coisa mais problemática, como arroz seco. Repita o processo.

Você pode usar o mesmo processo para ensinar seu filho a usar um garfo se escolher substâncias adequadas para ele transferir, como cubos de queijo ou ervilhas cozidas.

105

Habilidades com a faca
Comece por ensinar seu filho a usar uma faca para cortar algo macio, por exemplo, uma banana.

Ajudar nas **tarefas da casa**

Preparação de um lanche

Uma maneira de encorajar seu filho a comer lanches saudáveis é envolvê-lo no processo de preparação. Comece por ensinar seu filho a usar uma faca pequena. Escolha uma com ponta arredondada, por exemplo, uma pequena faca para queijo. Esse tipo de faca tem o gume afiado apenas o suficiente para cortar queijo macio ou banana. Mostre a seu filho como segurar corretamente o cabo e como usar a faca para passar manteiga e geleia em um biscoito.

Depois que ele tiver dominado a atividade de passar manteiga, ensine seu filho a usar a faca para cortar alimentos macios, como uma banana. À medida que ele ficar maior, mais forte e mais capaz de controlar a faca, ofereça a seu filho coisas mais difíceis de fatiar, por exemplo, maçã, cenoura e aipo. Em pouco tempo, ele fará bom uso dessas habilidades e lhe ajudará a preparar saladas e legumes para o jantar.

Para certificar-se de que seu filho encontre todos os ingredientes e utensílios de que precisa para preparar um lanche sem ajuda, mantenha-os em uma prateleira baixa na cozinha. Itens que precisam de refrigeração também devem ser colocados em uma prateleira baixa, de fácil acesso para a criança.

Quando seu filho sentir-se confiante em preparar seu próprio lanche, incentive-o a oferecer a comida a todos na família ou a coleguinhas em visita. Seu filho pode preparar um prato maior de bananas em rodelas e alguns biscoitos com manteiga ou requeijão e oferecer a seus convidados palitos ou garfinhos para pegar as rodelas de banana do prato.

que ao lanche!
sabe onde encontrar os ingredientes e também
pequena tábua e já aprendeu a passar requeijão
biscoito para fazer um lanche.

Pronto para começar
Tom já aprendeu a servir-se um copo de suco com sua própria jarra. Agora seu lanche está completo.

107

Como manter a paz

Como manter **a paz**

Criação de um clima afetuoso

Podemos ajudar nossos filhos a aprender bons comportamentos, cortesia compaixão por meio da demonstração, do estabelecimento da confiança de um amor incondicional.

Em um lar inspirado em Montessori, os pais tentam ser empáticos e atenciosos e respeitam as crianças como seres humanos reais e distintos. As crianças também precisam desenvolver um senso de empatia em relação aos outros e devem aprender as regras para um comportamento cotidiano gentil.

Para que isso seja possível, precisamos ajudá-las a aprender respeito próprio, bem como compaixão e respeito pelos outros. Como não podemos estar sempre com eles, precisamos ensiná-los a agir com honra e integridade, quer estejam ou não sob supervisão. Não podemos prepará-los para todas as situações que enfrentarão ao longo dos anos, mas podemos ensiná-lo aplicar as regras gerais de um comportamento amável situações novas.

Comportamento do bebê

Bebês e crianças pequenas não respondem a disciplina, regras e punições, mas respondem ao amor incondicional. Eles ainda não alcançaram o estágio no qual sabem diferenciar o certo do errado. Eles vivem momento presente e, quando querem algo, querem iss "agora."

Cause uma boa impressão em seu bebê
Quando seu bebê é acariciado, uma série de hormônios da felicidade é liberada no cérebro dele, o que contribui para o bem-estar da criança.

Criação de um **clima afetuoso**

rendizado precoce
aprenderá a identificar diferentes tipos de choro
ndo seu bebê comunicar emoções diferentes e encontrará
elhores maneiras de responder a esses sinais.

Um dos segredos para viver bem com crianças muito
as é se esforçar bastante para entender o que elas estão
ando comunicar quando choram. Chorar é uma das
cas maneiras de comunicação dessas crianças. O
ro pode significar que estão com fome ou que precisam
tar, que podem estar em uma posição desconfortável,
ue talvez sua fralda precise ser trocada.

Lembre-se: bebês também são gente. Eles podem
assustados. Podem ficar entediados ou se sentir
ários. Podem ter pesadelos. Observe e ouça com
ção. Se você prestar atenção ao seu filho, será capaz
eterminar o que ele está tentando dizer. O comporta-
to dos bebês e das crianças pequenas é movido por
ulso, e eles não têm nem mesmo plena capacidade de
lher seguir regras básicas. Embora você deva sempre
como modelo de bom comportamento para seu filho
plicar por que determinado comportamento é
tável ou não, não se surpreenda se suas palavras
m ignoradas.

111

Como manter **a paz**

Em um clima de amor e respeito, as crianças desenvolvem a capacidade de entender nossas palavras e começarão a responder a elas com consciência. Terminarão por imitar nossas ações quando agirmos como modelo de um comportamento educado e começarão a cooperar. É comum que as crianças pequenas tenham dias felizes, nos quais são cooperativas e até mesmo angelicais, e dias não tão bons, nos quais parecem nos testar constantemente.

Ensinar crianças mais crescidas

Nossos filhos nos amam com profunda afeição e desejam que fiquemos satisfeitos com eles. Nosso objetivo é fazer com que nossos filhos ultrapassem a simples obediência, situação na qual fazem o que pedimos na esperança de uma recompensa, ou para evitar algo desagradável. Em última análise, queremos ajudá-los a desenvolver e internalizar um senso de comportamento educado e atencioso e uma clara compreensão do que é certo e errado. Isso exige que as crianças desenvolvam consciência social e um senso de autodisciplina, o que só poderá acontecer à medida que amadurecem.

As crianças sentem as mesmas emoções que os adultos, mas não sabem instintivamente como expressar adequadamente frustração e raiva, nem sabem automaticamente como resolver conflitos. Como pais, temos que ensinar aos nossos filhos como se dar bem com outras

Pais professores
Como pais, devemos ensinar aos nossos filhos maneiras de lidar e expressar suas emoções.

Criação de um **clima afetuoso**

É melhor ensinar ao seu filho
 maneira correta de agir em
ez de esperar que ele se
 mporte indevidamente
ara depois repreendê-lo,
 neaçá-lo ou puni-lo."

soas, para que sejam gentis e corteses mesmo quando
 estivermos presentes.
 Para o bem ou para o mal, todos os pais são educado-
 morais. Nosso objetivo é mostrar aos nossos filhos os
 res que mais prezamos e ensiná-los a eles de tal
 na que eles ajam segundo esses valores. As crianças
 conseguem isso desenvolvem um elevado nível de
 rrespeito. Elas também tendem a ter mais facilidade
 estabelecer amizades duradouras. Respeitam os
 tos dos outros e geralmente são pessoas agradáveis
 e ter por perto.
 Conforme seu filho cresce, não parta do princípio de
 automaticamente, ele saberá como lidar com uma
 a situação. É melhor ensinar ao seu filho a maneira
 eta de agir em vez de esperar que ele se comporte
 vidamente para depois repreendê-lo, ameaçá-lo ou
 -lo. Se seu filho agir de forma inadequada, interrompa
 mau comportamento com calma, mas com firmeza e,
 eguida, mostre-lhe como lidar com a situação de
 maneira socialmente aceitável.

 mportância do respeito
 Alguns pais e professores acreditam que podem
 dar a personalidade e o futuro de uma criança por
 o de uma disciplina rigorosa, mas as crianças

carregam dentro de si mesmas a chave para seu próprio desenvolvimento. As primeiras tentativas de expressar sua individualidade são hesitantes e incipientes. Nosso objetivo deve ser o de ajudar nossos filhos a se tornarem maduros, independentes e responsáveis. Infelizmente, como pais, superprotegemos às vezes os nossos filhos, sem perceber que eles só podem aprender sobre a vida por meio da experiência, tal como ocorreu com a gente.

Queremos ajudar nossos filhos a aprender a viver em paz e em harmonia consigo mesmos, com todas as pessoas e com o meio ambiente. Nossos esforços têm por objetivo criar um lar onde possam aprender a funcionar como pessoas independentes e pensantes. Para ter sucesso nessa tarefa, precisamos tratá-los com respeito como seres humanos completos e íntegros que, por acaso, estão aos nossos cuidados. Nossos filhos precisam sentir que não há problema em serem autênticos. Se acreditarem que não estão à altura de nossas expectativas, ou que estamos desapontados com o tipo de pessoas que estão se tornando, então será grande a chance de que suas vidas fiquem emocionalmente traumatizadas.

O CÉREBRO DE SEU FILHO

Um estudo recente com crianças em idade pré-escolar norte-americanas revelou a existência de uma forte correlação entre a permissividade de pais e mães e pouco autocontrole em crianças pequenas. No entanto, os pesquisadores descobriram que, em menor grau, pais extremamente autoritários também tendiam a criar filhos com dificuldades de autorregulação.

Como manter **a paz**

Descoberta de um estilo parental comum

Depois da chegada de um filho, é provável que o casal tenha apenas uma vaga ideia do que cada parceiro espera da vida em família.

Estudos mostram que as crianças se saem melhor quando os estilos parentais são consistentes e fazem-nas se sentir seguras, amadas e capazes de atender às expectativas da família.

Em geral, existem três estilos parentais: muito rigoroso, permissivo e equilibrado. Prefiro a abordagem equilibrada, em que as regras e as respostas são lógicas e consistentes. Estabelecemos limites, mas desejamos que nossos filhos sintam que são ouvidos e desenvolvam uma cultura familiar com base em algumas regras básicas de cordialidade e cortesia. Nós também modelamos o comportamento que gostaríamos de ver em nossos filhos; assim, quando há discordância entre o pai e a mãe, ambos precisam reavaliar sua abordagem.

> "As crianças se saem melhor quando os estilos parentais são consistentes e fazem-nas se sentir seguras."

Atos de sabotagem são discordar abertamente do parceiro na frente da criança, ou expressar sua discordância em particular para a criança. A melhor estratégia é apoiar seu parceiro durante o episódio em questão; depois, fale sobre suas diferenças mais tarde.

Ter aulas de parentalidade desde o início e ler e discutir livros sobre puericultura são boas formas de cultivar a sintonia entre você e seu parceiro. Observe as situações que surgirem, ou que possam surgir, e discuta que maneira vocês, como família, vão lidar consistentemente com elas. Se não for possível concordar, ou se vir se deparar com situações com as quais não pode lidar serem muito perigosas ou perturbadoras, procure ajuda profissional.

Compartilhe sua abordagem

Muitos avós desempenham um papel importante na vida de seus netos e os ajudam a perceber que, além de seus pais, há outras pessoas que os amam e se importam com eles. Certifique-se de que os avós compreendem estilo parental e a necessidade de consistência, mas mantenha suas expectativas em um nível razoável.

Em harmonia
As crianças se sentem seguras quando seus pais trabalham em conjunto para encontrar a melhor maneira de abordar a vida em família.

Como manter **a paz**

Enfrentar mudanças
na família

Podemos não controlar eventos que mudem nossa vida, mas podemos administrar e mediar seus efeitos em nossos filhos.

Rotinas e cuidados previsíveis de pessoas que as conhecem e as entendem formam o pano de fundo para a vida da maioria das crianças, mas às vezes o mundo "vira de cabeça para baixo". Eventos como o nascimento de um novo irmão ou irmã, ou a adoção de uma criança, trazem consigo conflitos diários e uma confusa mistura de emoções para crianças pequenas. Ocasiões estressantes, por exemplo, quando os pais enfrentam uma separação ou um divórcio, ou quando ocorre uma morte no seio familiar, podem ser traumáticas e causar choque.

Enfrentar as mudanças com cuidado

As mudanças – qualquer mudança – podem ser desestabilizadoras para as crianças pequenas. Elas podem ou não ser capazes de expressar seus sentimentos, mas nós, como pais, devemos nos esforçar muito, em meio aos nossos próprios sentimentos de excitação, confusão ou turbulência, para ajudar nossos filhos a superar mudanças tão dignamente quanto possível. Como isso pode ser feito? Depende da idade da criança e, evidentemente, da situação. Existem muitos livros de autoajuda que oferecem conselhos sobre como ajudar as crianças a lidar com a separação ou com o divórcio, e ainda outros que abordam outros tipos perda, como a morte de uma pessoa profundamente ama No caso de morte na família, um conselho fundamental é não oferecer mais informações do que as crianças conseguem assimilar. Ouça suas dúvidas e preocupações, responda-as da forma mais simples que puder e assegure -lhes de que você estará presente para mantê-las seguras

Em situações de separação e divórcio, o mesmo conselho é válido, mas um elemento crucial, nesse caso evitar a todo custo pedir aos seus filhos que tomem part ou que entrem no meio de um conflito entre seus pais.

Esse é um momento no qual é imprescindível man seu melhor comportamento adulto e fazer todo o poss

> "Ouça as dúvidas e preocupações de seus filh e responda-as da forma mais simples que puder."

Enfrentar mudanças **na família**

ra permanecer calmo e presente diante de seus filhos. mbém nesse caso, não os sobrecarregue com informa- es. E não importa quão mal você se sinta, não busque nforto nas crianças – esse não é o papel delas.

euniões familiares

São inúmeros os tipos de situações que podem surgir família, mas se eu tivesse que recomendar uma ratégia que pode ajudar na maioria dos casos, respon- ia "reuniões familiares". Essas reuniões devem fazer te da vida familiar normal, e ocorrem semanalmente n a presença de todos os membros com 3 ou mais os de idade (incluindo os avós, se eles moram com ê). As crianças mais novas podem simplesmente ficar tadas, para absorver a impressão geral. Ofereça-lhes quedos ou algo para fazer. As reuniões devem ser ves, cerca de 10-15 minutos, dependendo da idade dos s filhos. Aqui estão algumas orientações.

A hora da reunião da família é sagrada; assim, egure-se de que todos os membros da família estejam sentes se isso for possível.

As reuniões não devem ocorrer durante as refeições. Desconecte todos os outros tipos de comunicação; a de mensagens de texto, e-mails, telefonemas, mputadores ou *tablets*.

Compartilhe a liderança e permita que todos os cipantes se revezem na condução da reunião.

Comece com agradecimentos e com o reconhecimento oas ações e de trabalhos bem-feitos.

as primeiras reuniões, as conversas devem abordar as divertidos. Mais tarde, assuntos mais complicados o trazidos à reunião pelas crianças ou pelos pais.

s reuniões familiares devem terminar com algo rtido – talvez uma piada, um poema ou uma canção.

a vez estabelecidas, as reuniões devem ser valorizadas m-vindas, e se transformam em um lugar seguro onde e poderá abordar qualquer situação que a família deva entar em conjunto.

Persistir
Quando a vida apresenta desafios inesperados, a segurança e o bem-estar dos filhos devem ser considerações essenciais.

Como manter **a paz**

Evitar ataques de birra

Durante os ataques de birra, tanto os filhos como os pais podem ficar completamente fora de controle – mas um dos pais tem que agir de forma adulta.

Ataques de birra são típicos entre crianças pequenas, embora algumas crianças persistam nessa atitude durante muitos anos se acharem que com ela conseguem o que querem. É mais comum que as crianças tenham esses ataques por estarem extremamente cansadas, irritadas por causa da fome, emocionalmente sobrecarregadas, ou se sentindo doentes. À medida que seu filho fica mais "sabido", os ataques podem não passar de uma maneira de testar limites, ou de saber como você reagirá.

As crianças sempre escolhem os piores momentos possíveis para ter seus ataques de birra. Você pode estar dirigindo seu carro, fazendo compras, em um restaurante ou na casa de um amigo, e, quando você menos espera, seu filho faz uma cena. Nossa tendência é reagir imediatamente para que ele pare com aquilo. Ficamos envergonhados, e nosso nível de estresse vai às nuvens. É então que os pais costumam recorrer a ameaças e castigos. Em vez disso, devemos ter em mente que a birra significa algo, e a única coisa que funciona é chegar à raiz do problema e tentar lidar com as necessidades de nosso filho.

Tipos de birra

Existe uma diferença real entre um ataque de birra uma criança cansada, com fome ou doente, e o ataque uma criança que esteja com raiva, frustrada ou simplesmente testando limites. O primeiro tipo de ataque requer pouco mais que determinar sua causa num clima de calma e otimismo e apaziguar a criança com comida e descanso, segurança e conforto. Embora possa ser embaraçoso ter um filho que chora descontroladamente em um supermercado ou em um evento social, pelo menos há uma situação física subjacente ao ataque de birra passível de ser resolvida rapidamente, uma vez compreendida a situação. Se você der o seu melhor para permanecer no controle, você acabará conseguindo.

> "O ataque de birra pode ser a maneira de seu filho testar limites para saber como você reagirá."

118

Evitar ataques **de birra**

Causa e efeito
Seu filho pode ter um ataque de birra por estar cansado, com fome ou doente, ou simplesmente por estar frustrado.

O segundo tipo de birra é parecido com qualquer a luta pelo poder. É a forma pouco articulada que seu usa na tentativa de garantir algum controle em uma ação na qual ele se sente impotente. Lembre-se de sempre que as crianças dizem "Não!" ou têm um que de birra, estão tentando comunicar algo a você.

É preciso manter a calma, recuar um pouco e procurar determinar qual é a mensagem oculta. Talvez baste que você a ouça. Da mesma forma que nós, adultos, as crianças às vezes ficam frustradas porque sentem que ninguém as ouve.

119

Como manter a paz

Você escolhe!
Evite disputas pelo poder e dê escolhas para seu filho. Por exemplo, separe duas peças de roupa do seu agrado e, em seguida, peça que seu filho escolha a que ele prefere. Assim, ele também sentirá que tem algum controle.

Resolver problemas

Em certos casos, pode ser difícil saber com certeza qual é a razão de um ataque de birra, porque as crianças pequenas não são capazes de explicar o problema. No entanto, a maioria dos pais aprende a reconhecer os sintomas e, assim, pode ter um bom palpite.

Se você acredita que o comportamento do seu filho deve-se à fome, providencie com a maior rapidez possível algum alimento para ele, mesmo que não seja sua hora habitual de refeição. É sempre uma boa ideia carregar algum tipo de lanchinho saudável consigo para uso nessas emergências.

Se você acha que seu filho está excessivamente cansado, fale pouco e de modo calmo, abrace ou embale a criança e a conduza com a maior presteza possível para seu quarto, ou para algum lugar onde ela possa descansar.

Se você suspeita que seu filho está doente, converse com voz suave para que ele se tranquilize. Se, por outro lado, acha que ele vai vomitar, veja se alguém por perto pode conseguir um balde ou lata de lixo e uma toalha de rosto aquecida. Se houver necessidade de atenção médica, tome as providências necessárias o mais calmamente possível.

Se você estiver ocupado, por exemplo, em uma longa conversa com um amigo durante o almoço ou ao telefone, certifique-se de dar total atenção ao seu filho quando terminar.

Algumas crianças têm grande dificuldade com as transições, e isso por si só pode ser a causa de um ataque de birra. Por exemplo, se você estiver no parquinho, diga antecipadamente a seu filho que vocês vão embora em breve. "Temos que ir para casa em 10 minutos. Você quer ir no escorregador de novo, ou prefere o balanço?" O lembrete antecipado e a oferta de uma escolha ajudarão seu filho a administrar mais suavemente a transição.

Se ficar evidente que seu filho está testando limites, mantenha a calma e evite entrar em uma discussão. Fale com voz tranquila e, delicadamente, informe a criança

120

Evitar ataques **de birra**

e, embora você entenda que ela está com raiva, ainda
im existem regras. Por exemplo: "Sei que você queria
smo ficar um pouco mais no parquinho, mas temos
e voltar para casa e fazer o almoço".

vitar armadilhas

Muitas vezes, existem padrões na vida familiar. Veja se
ossível identificar qualquer evento que comumente
sencadeie um ataque de birra e tente evitá-lo. Por
mplo, se seu filho tende a fazer birra quando você vai
compras, deixe-o com seu parceiro ou com uma babá.

É comum que as crianças façam cena ao ocorrer
uma mudança súbita de planos. Se esse for o caso do
filho, fale com ele sobre seus planos com antecedên-
e atenha-se a eles.

Explique ao seu filho os limites antes de fazer alguma
sa. Por exemplo, se você vai às compras e seu filho
er um brinquedo, informe antecipadamente qual
quedo você concorda em comprar e cumpra a
messa. Não ceda às tentativas da criança de fazer você
uar – não importa se estiver chorando, fazendo
gências ou tentando manipular a situação. Uma coisa
pode funcionar é distrair a criança com algum jogo

ao primeiro sinal de um ataque. No entanto, se seu filho não se acalmar, afaste-se um pouco, sente-se para ler um livro ou ande até a soleira da porta, a fim de mostrar à criança que você está esperando para lhe dar um abraço assim que ela estiver pronta para isso.

Muitas famílias tentam fazer coisas demais. As crianças pequenas preferem rotinas e ficam irritadas e cansadas se tiverem que pular de uma atividade para outra. Às vezes isso é inevitável, mas pense muito bem antes de matricular seu filho na ginástica infantil, aulas de dança ou outras atividades pré-programadas. Correr de uma atividade para outra aumenta os níveis de estresse de todos e prepara o cenário para os ataques de birra.

DICAS PARA ENFRENTAR ATAQUES DE BIRRA

Há várias coisas que você deve ter em mente durante um acesso de birra de seu filho:

• Não recorra à violência com palmadas ou batendo em seu filho. Essa é a maneira mais segura de ensiná-lo a ser violento com os outros.

• Não tente conter fisicamente seu filho em meio a um ataque, a menos que a criança esteja prestes a correr na direção do trânsito ou a se autolesionar de outra forma muito real e imediata.

• Não recorra a ameaças ou castigos. Quando as crianças estão sendo irracionais, tais medidas simplesmente não funcionam e apenas aumentam a turbulência emocional já presente.

• Não discuta. Não se pode vencer uma discussão com alguém que esteja agindo de maneira irracional!

• Não tente envergonhar seu filho ou ridicularizar seu comportamento. Isso lhe ensinará, no futuro, a atacar outras pessoas.

• Não tente lidar com um ataque de birra em público. Leve seu filho para algum lugar onde vocês possam ficar sozinhos e conversar em particular. Essa é uma atitude cortês em relação às outras pessoas e torna mais fácil lidar com a situação.

O CÉREBRO DE SEU FILHO

Situações difíceis desencadeiam uma resposta de estresse na criança – sua frequência cardíaca aumenta, a pressão sanguínea sobe e ocorre liberação de cortisol, o hormônio do estresse. Se a criança for apoiada durante o ataque por um adulto carinhoso, os efeitos serão minimizados, o que ajuda no desenvolvimento de um sistema saudável de resposta ao estresse.

121

Sem batalhas na hora de dormir

A hora de dormir pode ser um momento especial, ou pode se transformar em uma luta pelo poder entre pais e filhos. As crianças podem opor resistência a dormir por muitas razões: se ressentem quando alguém lhes diz que têm que dormir; têm medo de perder alguma coisa; não estão cansadas; ou simplesmente têm vontade de ficar perto de seus pais. Como em qualquer situação, pergunte-se qual a mensagem que o comportamento do seu filho está realmente tentando comunicar. Em seguida, procure uma maneira de dar ao seu filho um pouco do que ele queira e persista em sua intenção de colocá-lo para dormir.

Estabeleça uma rotina

Uma boa rotina na hora de dormir pode consistir em uma ceia leve, seguida de um banho, escovação dos dentes, a leitura de uma história e, finalmente, um aconchego gostoso antes de pôr seu filho na cama e dar um beijo de boa noite. Faça a mesma coisa todas as noites; os rituais da hora de dormir ajudam as crianças a se acalmar e a se

> "Faça a mesma coisa todas as noites; os rituais da hora de dormir ajudam as crianças a se acalmar e a se sentir seguras."

sentir seguras. Comece esse ritual mais ou menos uma hora antes do horário em que deseja que seu filho adormeça. Mantenha um ambiente calmo. Esse não é o momento de fazer coisas que incentivem a excitação.

Dê um aviso à criança mais ou menos 10 minutos antes da hora de começar o ritual. Isso permite que seu filho tenha tempo suficiente para terminar a atividade em que esteja envolvido. Tente evitar as lutas pelo poder por meio do oferecimento à criança de alternativas pré-aprovadas por você. Por exemplo: "Você gostaria que mamãe (ou papai) o coloque na cama esta noite?".

Se seu filho tiver dificuldade para dormir, tente usar visualização guiada, um processo em que você usa palavras para descrever uma experiência agradável e tranquilizadora. Alguns pais gostam de música suave ao fundo. Você pode contar uma história agradável, por exemplo, que você e seu filho estão viajando em um tapete mágico, ou navegando por um lindo rio.

Outra estratégia consiste em conversar com seu filho sobre lembranças felizes. "Você se lembra de quando era pequeno e eu costumava carregá-lo nos ombros?" Ou vocês podem contar uma característica de que gostam um no outro: "Adoro seu jeito de ser tão educado com todos. Isso me deixa orgulhosa de ser sua mãe." Incentive seu filho a falar sobre o seu dia com as perguntas certas, por exemplo, "Qual foi a melhor coisa de hoje?", em vez de "O que você fez hoje?", uma pergunta que geralmente é respondida com um "Nada".

O CÉREBRO DE SEU FILHO

O sono tem um profundo efeito na capacidade de aprendizado das crianças. Uma equipe de pesquisadores alemães e suíços demonstrou que as matérias aprendidas subconscientemente pelas crianças durante o dia são transformadas em conhecimento ativo nos seus cérebros durante os longos períodos de sono noturno profundo. Esse processo é muito mais efetivo nas crianças do que nos adultos.

Evitar ataques **de birra**

Terminado o ritual para dormir, saia do quarto do seu [filh]o em silêncio. Para evitar o infindável padrão do filho [qu]e se levanta em busca dos pais, informe-o antecipada[me]nte que "A menos que seja uma situação real de [em]ergência, se você for me procurar, eu o levarei de volta [par]a o seu quarto". Não discuta, nem ceda. Seja calmo, [gen]til e consistente. Se você demonstrar inconsistência, seu filho quebrará as regras cada vez mais, com o objetivo de conferir se elas ainda são válidas. Às vezes, as regras devem ser postas de lado a fim de responder a algo importante que esteja realmente acontecendo com seu filho. Por exemplo, ele pode acordar no meio da noite por estar assustado ou doente. Siga seus instintos.

Ritual da hora de dormir
Ler uma história é uma atividade relaxante, durante a qual seu filho relaxa para adormecer.

Como manter **a paz**

Uma abordagem positiva à disciplina

Muitos pais acreditam que a palavra disciplina significa punir. Na verdade significa ensinar.

Toda criança põe à prova as regras até certa medida. Na verdade, quase todos os atos que implicam testar os pais são uma parte normal do processo de crescimento de uma criança. Quando uma criança testa um adulto, em muitos casos essa é a sua maneira de expressar sentimentos que ela não entende, e, em função das nossas respostas, a criança aprende gradualmente a lidar de forma adequada com suas emoções. Ao testar os limites, nossos filhos aprendem que realmente nos preocupamos com certas regras básicas de educação e cortesia em nossos relacionamentos. Quando aprontam, eles estão dando seus primeiros passos, ainda titubeantes, em direção à independência e tentam demonstrar que não os controlamos completamente.

Regras familiares básicas

Tenho a impressão de que em algumas famílias há um número excessivo de regras, quando na verdade bastam algumas normas básicas que alicercem nossas expectativas e esperanças com relação a todos os membros da raça humana. Não há necessidade de ser criativo e formular uma regra para governar cada aspecto da vida do seu filho. Chegue a um acordo quanto às regras básicas da sua família, registre-as por escrito e afixe-as

em um lugar onde possam ser consultadas tanto pelo p como pela mãe. Ensine seu filho a fazer o que é certo, e vez de se concentrar nos seus erros. Nas casas inspirad em Montessori, geralmente existem apenas algumas regras básicas.

- Trate todos com respeito.
- Se você usar alguma coisa, quando terminar retorne ao lugar certo.
- Se você quebrar ou deixar cair alguma coisa, limpe o lc
- Fale a verdade e não tenha medo de admitir que cometeu um erro.

As regras básicas para a sua família devem estar absolutamente claras em sua mente. Explique-as de forr positiva, não como se fossem proibições. Em vez de dize "Não faça isso!", as regras devem informar ao seu filho c que ele deve fazer. Ensine a criança a segui-las como se estivesse ensinando qualquer outra habilidade da vida diária. Seja modelo dos mesmos comportamentos que você está tentando incentivar em seu filho. Conscientemente, tente apanhar seu filho fazendo algun coisa certa e reforce e reconheça até seus menores pass na direção certa. Não espere até que ele tenha dominad uma nova habilidade – incentive-o ao longo do caminho.

124

Uma abordagem positiva à **disciplina**

Ensinar ordem
Mostre ao seu filho como retornar os brinquedos aos seus lugares quando acabar de brincar.

Como manter **a paz**

Quando seu filho quebra uma regra básica, há vária[s] coisas que você pode fazer além de repreender, ameaça[r] ou punir. Você pode redirecionar a criança, ao sugerir u[ma] escolha mais apropriada. Pode lembrá-lo da regra básic[a] e, educadamente, mas com firmeza, pedir a ele que par[e]. Se a situação não estiver emocionalmente carregada (is[to] é, se você não estiver pessoalmente irritado), ensine novamente a lição básica sobre como lidar com essas situações.

Seja consistente. Se você achar que não deve repet[ir] determinada regra o tempo todo, provavelmente esta n[ão] deveria ser uma regra básica. Um número pequeno de

Regras quebradas
Se uma das suas regras básicas for "não suba na mobília" e você encontrar seu filho pulando no sofá, peça a ele que pare — educadamente, mas com firmeza — e, em seguida, relembre a regra e por que ela existe.

Uma abordagem positiva **à disciplina**

...s regras funciona muito melhor do que dezenas de ...ras frequentemente ignoradas.

...lar menos "não"

Mais cedo ou mais tarde, todas as crianças dirão ...tinadamente: "Não, eu não quero!" Essa é a luta pelo ...ler que começa nas crianças ainda pequenas e que ...itas vezes continua durante a infância e a adolescência. ...itas pessoas denominam esse estágio infantil como "os ...íveis 2 anos," mas não precisa ser assim – nem com ...nças de 2 anos, nem com as mais velhas (ver quadro ...lado).

As brigas pelo poder começam em situações em que ...to pais como filhos estão determinados a ter a palavra ...l, e nenhuma das partes está disposta a ceder. ...mamente, ambos se sentem frustrados e ameaçados. ...pais sentem que seus filhos estão desafiando direta-...te sua autoridade. Crianças em situações como esta ...almente se sentem impotentes, e tentam afirmar sua ...onomia e estabelecer mais equilíbrio de poder em seu ...cionamento com os pais.

...o punir, ensinar

Ameaças e punições não são boas ferramentas para ...r com que as crianças se comportem. Quando as ...nças estão com raiva ou afirmando sua independên-...frequentemente se comportam mal e não se impor-...se forem punidas. Aquelas crianças que respondem ...meaças e ficam abaladas pelas punições se mostram ...osas em nos agradar e recuperar nosso amor. É ...sível que essas crianças respondam igualmente bem a ...as formas de disciplina. Embora as punições tendam ...oduzir resultados imediatos, estes raramente são ...adouros, e funcionarão apenas se a pessoa que estiver ...do ameaçada demonstrar algum tipo de preocupação. ...Ensine seu filho a fazer as coisas corretamente e ...tize o lado positivo, em vez de recorrer a insultos e ...onstrações de raiva. Acima de tudo, tente jamais fazer

perguntas que não possam ser respondidas por seu filho, como "Quantas vezes tenho que falar com você?" Para essa pergunta, a resposta apropriada seria "Não sei, papai! Quantas vezes você tem que falar comigo?".

ESTRATÉGIAS PARA O "NÃO"

Aqui vão algumas estratégias para ajudar a reduzir o número de lutas pelo poder e o uso da palavra "Não!"

• Ofereça escolhas aos seus filhos. Sempre que puder, procure maneiras de permitir que eles façam uma escolha entre duas alternativas igualmente aceitáveis. "Você gostaria de beber água ou leite durante o jantar?"

• Ensine seu filho a dizer "não" educadamente: "Mamãe, eu realmente não sinto vontade de fazer isso agora".

• Tenha em mente a regra de ouro de Robert Heinlein para a vida em família: "Bondade e cortesia são ainda mais importantes entre maridos e esposas e entre pais e filhos do que entre estranhos completos".

• Não ceda com facilidade – procure maneiras que permitam a você recuar com elegância. Muitas vezes, se todos fizerem concessões, tanto você como seus filhos podem conseguir a maior parte – senão tudo – que desejam.

• As lutas pelo poder podem ser minimizadas se você proporcionar aos seus filhos níveis significativos de independência e responsabilidade no dia a dia. Isso faz a criança se sentir poderosa e "crescida".

• Reserve o "não" para os problemas realmente importantes, por exemplo, uma atividade que possa machucar seu filho ou outras pessoas, ou que possa resultar em danos.

Como manter **a paz**

Compreender a personalidade
do seu filho

Ao reconhecer, aceitar e celebrar a personalidade de cada um dos nossos filhos, mostramos a eles que o mundo os recebe como indivíduos.

Quando jovem, você era o tipo de criança que corria para a escola, ansiosa para chegar logo, ou você hesitava? Era o mais popular da sala, ou frequentemente ficava isolado? Gostava de esportes em equipe desde muito pequeno, ou preferia ler um livro? Como pais, talvez uma das coisas mais difíceis de reconhecer seja o fato de que nossos filhos não são nós.

> "Como pais, talvez uma das coisas mais difíceis de reconhecer seja o fato de que nossos filhos não são nós."

Você pode se surpreender com as nítidas diferenças entre a sua personalidade e a de seu filho, ou talvez o comportamento do seu filho lembre algo de sua própria personalidade que você gostaria de mudar. Cada um de nós é um ser único: pai, filho, avô. Temos diferentes interesses, temperamentos e habilidades, e cada um de nós vê o mundo e interage com as outras pessoas de forma um pouco diferente. As crianças – e também os pais – se beneficiam com a descoberta desse fato básico

Temperamento e personalidade

Seu bebê chega ao mundo com um temperamento intrínseco. Seu filho pode ser um bebê irritado que chora desconsoladamente em braços estranhos, um "cabeça de vento", ou uma criança gregária que sorri e se mostra com todos. Mesmo na primeira infância, uma abordagem educativa uniformizada não será de grande valia.

À medida que os bebês crescem, o temperamento evolui para a formação de traços comportamentais.

Compreender a **personalidade do seu filho**

Compartilhar a diversão
Em geral, personalidades francas são sociáveis e generosas. Uma criança pré-escolar extrovertida é uma maravilhosa companheira de brincadeiras para seus irmãos e amigos mais novos.

129

Como manter a paz

Seu filho pode ser tímido, cauteloso e defensivo, frequentemente absorvido em suas próprias atividades e hesitante diante de novas experiências. Os tipos descontraídos e emocionalmente estáveis se adaptam mais facilmente à maioria das situações, enquanto crianças exaltadas tendem a "mergulhar de cabeça". Se você observar e acompanhar o seu filho sistematicamente (ver p. 48-49), logo terá uma boa ideia desse aspecto.

A criança tímida

Os introvertidos deste mundo talvez sofram mais do que a maioria – e isso pode ser particularmente verdadeiro na infância. Todos já vimos, em uma festa, uma mãe desesperada que empurra sua filha para participar dos jogos; ou, no parquinho, o pai que insiste com seu tímido filho para que chegue ao ponto mais alto de uma estrutura de escalar.

Se, no entanto, reconhecermos e dermos legitimida ao modo como a criança está se sentindo, enviamos a e a mensagem de que não há nada errado em ser como e é: "Sei que você não gosta dos cavalos do carrossel, Joa Quando você crescer, talvez queira experimentar."

Quando uma determinada situação puder ser desagradável para a criança, estabeleça as bases por m de uma conversa tranquila. "Vamos à festa dos 70 anos vovô. Seus primos, tias e tios estarão lá, e também pessoas e crianças que você não conhece. Na hora dos parabéns, onde você quer que fiquemos?"

Lembre-se também de que às vezes as crianças no surpreenderão com uma resposta fora das nossas expectativas. Um exemplo típico é a criança que hesit diante de estranhos e de novas situações, mas que vai para uma escola montessoriana e, depois do primeiro

COMO A PERSONALIDADE SE DESENVOLVE

A forma como o temperamento se desenvolve em um conjunto de traços de personalidade depende de uma série de fatores nos primeiros anos de vida.

• A criança precisa ter um relacionamento acolhedor e amoroso com aqueles que a rodeiam.

• Ela precisa crescer em um ambiente com orientações claras e que lhe permitam desenvolver o autocontrole e se sentir confiantes em suas ações.

• Precisa viver em um ambiente rico em oportunidades para explorar e seguir suas paixões e interesses.

• Seus primeiros professores devem adaptar sua abordagem educacional aos seus pontos fortes e interesses, além de ajudá-la a superar os obstáculos causadores de dificuldade.

• Ela precisa ser reconhecida e valorizada como indivíduo e também incentivada a fazer parte de um grupo.

• Periodicamente, ela precisa ouvir que não há nada errado com o seu jeito de ser.

Personalidade solar
Crianças com temperamento solar recebem atenção calorosa e frequentemente ficam felizes por ser o centro das atenções.

130

Compreender a **personalidade do seu filho**

, se mostra ansiosa para retornar à escola todas as nhãs.

omportamento desafiador

O que queremos dizer com um "comportamento afiador"? É algo que nos deixa com raiva? É um comtamento particularmente grave? Nada funciona e já tamos de tudo? A primeira coisa a perguntar é se e é um comportamento normal para a idade. anças pequenas têm uma capacidade de concentra- limitada, habilidades sociais precárias e a tendência jogar coisas e fazer explorações que ultrapassam os tes de sua própria segurança. Em muitos casos, a ministração do comportamento dos filhos é uma stão de gerenciar as expectativas dos pais: evite taurantes sofisticados, monitore situações causadoras ataques de birra (ver p. 121), ofereça oportunidades a que a criança brava desabafe e encontre cantinhos quilos em lugares muito agitados para a criança que ver nervosa.

Ao considerar essa situação, pergunte-se se o mportamento é comum. Quando há um novo bebê na a, geralmente as atenções para os filhos mais velhos inuem. "Sua irmã é uma graça", diz a avó ao conver- com seu beligerante neto. "Mas agora quero mesmo é uma história para alguém capaz de conversar comigo." Nas ocasiões em que todos os parentes se encontram nossa casa para uma celebração ou reunião familiar, ez tenhamos uma breve visão de traços que não nhecemos em um grupo animado de crianças erexcitadas, e nós fazemos concessões.

Dito isso, algumas crianças parecem "mergulhar de eça" em qualquer situação, e há momentos em que imos que elas fugiram ao controle. Esse tipo de nça precisa ser lembrada constantemente das regras cas: "Você não pode pôr em risco ou machucar nem a esmo, nem a outras pessoas ou seres vivos. E também pode danificar de propósito o meio ambiente, seus

Olhar e esperar
Para muitas crianças, a timidez é uma resposta natural a novas situações. A chegada iminente de um novo irmão também pode afetar a confiança.

pertences e os de outras pessoas". Essa criança precisa de atividades ao ar livre em todos os tipos de clima e, dentro de casa, muitos passatempos interessantes.

Muitas vezes, crianças desafiadoras esperam por reações negativas; assim, observe e recompense boas palavras e atos. Lembre-se de que as crianças mudam conforme crescem, e comportamentos que você considera desafiadores nas crianças pequenas podem se transformar em características positivas à medida que crescerem. As crianças nos surpreendem porque são indivíduos desde o início. Às vezes nos esquecemos disso.

131

*Como manter **a paz***

Lições de
educação e
cortesia

O uso de jogos que ensinem boa educação pode ajudar seu filho a aprender a se comportar bem em qualquer companhia.

Poucas pessoas parecem levar em conta a importância de ensinar às crianças os detalhes mais sutis de um comportamento aceitável. Nas escolas montessorianas, as "lições de educação e cortesia" – exercícios que estabelecem um tom de respeito e gentileza – são ministradas lado a lado com os assuntos mais convencionais no currículo. Mostramos aos nossos filhos como apertar a mão, cumprimentar um amigo e se despedir das pessoas. Demonstramos como interromper alguém que esteja ocupado e como dizer educadamente a alguém "não, obrigado". Ensinamos as crianças a falar em ambientes fechados e a ser simpáticas. Mostramos a elas como pedir desculpas sinceras e como resolver conflitos de modo pacífico.

Lições simples

O primeiro passo consiste em explicar uma situação em palavras simples e demonstrar o modo certo de lidar com a situação. Em seguida, faça seu filho praticar com

você, por meio de uma encenação da sequência de eventos. As crianças gostam dessas lições, desde que sejam breves e elas não estejam envergonhadas ou tenham sido ameaçadas por cometer algum erro.

Por exemplo, se seu filho tende a gritar a plenos pulmões dentro de casa, é preciso mostrar a ele como manter o ruído em um nível que não perturbe as outras pessoas. Durante a gritaria, em vez de repreendê-lo, pe educadamente – mas com firmeza – que seu filho fale baixo, por favor. Depois, escolha um momento em que nem você, nem a criança estejam aborrecidos com o comportamento para ensinar a ele a maneira correta c falar dentro de casa. Fale em linguagem simples e mos o que você quer dizer. Por exemplo, você pode dizer: "Quero falar com você sobre conversas dentro de casa Quando estamos lá fora, ao ar livre, é tudo tão grande que, às vezes, precisamos gritar para que possamos no ouvir. Ao ar livre, não machuca os ouvidos quando

Modos ao telefone
Mia sabe atender ao telefone educadamente, ouvir atentamente e, em seguida, compartilhar as novidades.

Como manter a paz

alguém fala alto. Então, ao ar livre, podemos usar nossas vozes 'de fora'. Mas quando estamos dentro de casa, se falarmos alto demais, isso dói nos ouvidos e incomoda nossos vizinhos. Quando estamos dentro de casa, precisamos nos lembrar de usar nossas vozes 'de dentro'".

Agora, mostre ao seu filho o que você quer dizer. Fale muito alto e pergunte: "Eu estava com minha voz de dentro, ou de fora?" Em seguida, fale normalmente e pergunte: "E agora, o que você acha – dentro ou fora? Dentro de casa, usamos nossas vozes 'de dentro'. Ao ar livre, usamos nossas vozes 'de fora'".

Você pode ensinar todos os tipos de lições dessa forma – tudo, desde dizer "por favor" e "obrigado" até como fechar portas sem bater. Algumas famílias usam a estratégia dos "bons modos da semana". Elas introduzem uma nova regra simples de cortesia por semana e praticam-na uns com os outros durante as refeições e por toda a casa.

Modelos de comportamento

Para que as crianças aprendam boas maneiras, elas precisam ter certeza de que seus pais, irmãos mais velhos e amigos também as seguem de forma consistente. O exemplo que definimos por meio do nosso próprio comportamento é mais poderoso do que qualquer coisa que possamos dizer. As crianças absorvem tudo o que nos veem fazer, sobretudo quando são muito novas, e logo começam a falar e a agir como nós. Somos os seus modelos.

Tendo em mente que seu filho será influenciado profundamente pelas pessoas ao seu redor, escolha sabiamente as crianças e os adultos com quem ela passará o tempo. Evite situações ruidosas e caóticas com grandes grupos de crianças excessivamente estimuladas e que geralmente se comportam de forma mal-educada.

Escolha cuidadosamente os amiguinhos de seu filho. Se ele visitar uma família que permite que as crianças causem destruição e caos em sua casa, não surpreenda se seu filho "importar" esse comportamento ao retornar ao lar. Preste atenção na forma como pais do amiguinho supervisionam seus filhos. Eles os ignoram ou falam no telefone em meio ao caos? Não é seu papel julgar outras famílias e como elas se comportam, mas é sua obrigação fazer escolhas adequadas para seu filho.

LIÇÕES DE CORTESIA

Aqui estão mais algumas ideias para lições de educação e cortesia:

- Dizer sempre "por favor" e "obrigado".

- Usar um tom amável ao falar: não choramingar nem gritar.

- A forma certa de dizer que "é minha vez", ou se você também pode participar no jogo/brincadeira.

- Como se apresentar.

- Como abrir e fechar portas.

- O que fazer se tiver que tossir ou espirrar.

- Cumprimentar e incentivar as pessoas.

- Permitir que outros passem à sua frente ou avancem primeiro.

- Dizer "desculpe-me" se trombar com alguém.

- Responder educadamente quando alguém o chama ou diz seu nome.

- Contornar os espaços onde outras crianças estão trabalhando ou brincando no chão e não pular sobre elas.

- Aprender a esperar.

- Não interromper outras pessoas quando estão falando.

- Atender ao telefone educadamente.

Lições de **educação e cortesia**

> **NA PRÁTICA** ## Aprender amabilidade, cortesia e boas maneiras

As crianças aprendem com o exemplo, mas também é possível demonstrar a elas como se comportar de forma atenciosa por meio de pequenas encenações. Introduza esses exercícios curtos em momentos de calma, mas não os use para apontar erros.

Conhecer e cumprimentar pessoas
Ensine a seu filho a maneira correta de receber visitas em sua casa.

Cuidado e compaixão
Incentive seu filho a demonstrar preocupação por um amigo que esteja chateado.

Modos à mesa
Seu filho pode aprender a puxar uma cadeira e colocá-la de volta, e como se sentar corretamente.

Coordenação e controle
Caminhar cuidadosamente sobre uma linha, prestando atenção à trajetória, ensina equilíbrio e coordenação à criança.

Carregar objetos
Ensine seu filho a trazer algo até você. Ele deve carregar o objeto com ambas as mãos e, em seguida, pousá-lo corretamente.

Como se despedir
Seu filho começará a aprender habilidades de amizade quando você demonstrar a ele como cumprimentar e se despedir de modo caloroso.

135

Como manter **a paz**

Solucionar problemas
na mesa da paz

Quando as crianças precisam de auxílio para resolver problemas, dirigi-las à mesa da paz pode ajudá-las a encontrar as palavras certas para resolver suas diferenças.

De vez em quando, as crianças brigam com seus irmãos ou amigos – por motivos simples, por exemplo, de quem é a vez de jogar, ou por motivos mais complicados, que envolvam amizades. Em alguns casos, as crianças chegam ao ponto em que ficam irritadas demais para conversar umas com as outras. Este é o ponto no qual entra a mesa da paz. Ela proporciona um lugar onde as crianças podem acalmar-se enquanto seguem um procedimento que congela a discussão de imediato.

Normalmente, a mesa da paz é uma mesa de tamanho infantil com duas cadeiras, um sino e uma flor ou ornamento que simbolize a paz, talvez uma rosa, um galho de oliveira ou uma pomba de louça. Se não houver espaço, também funcionará colocar duas cadeiras ou um tapete no canto de uma sala, ou mesmo usar um canto específico de uma escada. Depois que estiverem acostumadas ao ritual, as crianças podem escolher ir à mesa da paz sem serem mandadas; em outras ocasiões, um pai ou irmão mais velho talvez perceba o início de um desentendimento e sugira aos contendores que tentem resolver seus problemas na mesa da paz.

Uma vez na mesa, segue-se um certo ritual. A criança que se sente especialmente injustiçada coloca uma das mãos na mesa e a outra mão sobre o coração, indicando que ela fala a verdade, diretamente do coração. Em seguida olha para a outra criança, pronuncia seu nome e explica como ela se sente sobre o que ocorreu e como gostaria que o desentendimento fosse resolvido.

Então a outra criança pode responder, e tem início um diálogo que se prolongará até que as duas partes cheguem a um acordo. Se as crianças não conseguirem fazer isso sozinhas, poderão precisar de um mediador – talvez um irmão mais velho, o pai ou a mãe. Se o problema estiver muito complicado, as crianças podem pedir uma reunião familiar, na qual a família toda ouvirá os dois lados da história.

O que as crianças aprendem com a mesa da paz é que independentemente de seu tamanho, idade ou posição na família, seu ponto de vista será ouvido e elas podem confiar que serão tratadas de forma justa. A principal experiência que adquirem com esses procedimentos é que desentendimentos precisam ser resolvidos com honestidade e boa vontade, a fim de se preservar uma atmosfera harmoniosa e cooperativa em casa.

Solucionar problemas **na mesa da paz**

Paz e harmonia
A mesa da paz ajuda a ensinar as crianças a manter um ambiente harmonioso e cooperativo.

Como manter **a paz**

> **PASSO A PASSO** **Fazer as pazes**

A mesa da paz pode ser considerada o exato oposto do "cantinho do castigo". A mesa da paz ajuda as crianças a s[e] controlar, se acalmar e resolver suas diferenças de maneira muito mais positiva.

Um
Tudo começou com uma discussão por causa de um brinquedo, mas agora Gemma e Tom estão começando a se machucar e já não conseguem mais ouvir a voz da razão.

Solucionar problemas **na mesa da paz**

Dois
Num esforço para resolver o conflito, Gemma e Tom são incentivados a parar de brigar e a se sentar na mesa da paz.

Três
Tom coloca uma das mãos sobre a mesa da paz e a outra sobre o coração e explica calmamente a Gemma o que o incomoda em seu comportamento.

Quatro
Agora, Gemma age da mesma maneira, com uma das mãos sobre a mesa e a outra sobre o coração, e responde às palavras de Tom.

Cinco
Quando Gemma e Tom sentem que suas diferenças se resolveram, tocam um sino para que o resto da família tome conhecimento disso.

139

Como manter **a paz**

Assumir o controle
da televisão

Em muitos lares, a televisão é uma importante fonte de conflito. Estabele[ça]
algumas regras básicas familiares para as horas em que a televisão estive[r]
ligada e siga-as.

Tradicionalmente, os valores e o conhecimento das crianças sobre o mundo têm sido moldados por quatro influências culturais: o lar, a escola, as organizações religiosas e os grupos de pares. Hoje em dia, a televisão representa uma quinta cultura, incrivelmente poderosa, que a maioria de nós conhece escassamente e sobre a qual exerce pouco controle. Isso é lamentável, sobretudo ao considerarmos que a televisão se transformou na principal "babá" em um número demasiadamente grande de famílias.

Pais passivos

Há vários problemas em não controlar o contato das crianças com a televisão. A violência retratada é extremamente preocupante. Em um ano, uma criança pode assistir a milhares de assassinatos, lutas, batidas de carros e explosões aéreas. Certamente, os valores e as abordagens para a resolução de problemas que muitos produtores de televisão consideram apropriados diferem daqueles em que acreditamos.

Uma preocupação ainda maior é o caráter hipnótico das imagens da televisão. Muitos pais observam que seus filhos pequenos são capazes de ficar sentados durante horas, fascinados pelos programas das manhãs de sábado. Obviamente, as crianças ficam sentadas e assistem à televisão durante horas sem fim: na verdad[e] elas estão em transe. A televisão é, na melhor das hipó[te]ses, uma experiência passiva. Dispensa qualquer tipo [de] raciocínio, imaginação e esforço. A programação infan[til] de qualidade pode ser fantástica, mas a maioria dos programas oferecidos está bem longe disso.

Estabelecer regras

A melhor forma de assistir à televisão é a sua administração cuidadosa em doses planejadas e medi[das]

> "A melhor forma de assistir à televisão é a sua administração em doses ponderadas; você pode limit[ar] o número de horas por dia."

Assumir o controle **da televisão**

verdade, as crianças não precisam de televisão para se [div]ertir. Estabeleça algumas regras familiares básicas [fun]damentadas em o que faz sentido para você.

Determine os programas que acha que seus filhos [pod]em assistir, e limite o número de horas por dia que a [cria]nça pode passar na frente da tela. Ofereça aos seus [filho]s a maior gama de escolhas possível: "Você pode [esc]olher entre esses programas; mas só poderá assistir a [X] deles por dia. Quais são as suas escolhas hoje?".

Alguns pais verificam caso a caso se os programas comerciais da televisão são ou não adequados. Selecione aqueles que tenham algum componente educacional, mas limite a quantidade de tempo que seus filhos passam ao assisti-los por dia. Em certos casos, determinado programa pode ter real valor, mas pode ter algum conteúdo confuso ou perturbador. Nesses casos, toda a família deve assistir ao programa e, uma vez terminado, discutir os problemas levantados.

Alegria compartilhada
Assistir a programas com seus filhos cria uma experiência compartilhada e permite que você responda às perguntas deles durante a transmissão.

Como manter **a paz**

Administrar o
tempo de tela

Celulares e aplicativos chegaram a um tal grau de simplicidade que até mesmo as crianças mais novas podem acessá-los com um simples toque.

USOS INTELIGENTES

A escolha de aplicativos que reforcem as atividades e interesses da vida real do seu filho tornará suas primeiras incursões no mundo digital mais significativas e apropriadas.

• Mostre ao seu filho o ícone da biblioteca de imagens e deixe-o navegar por uma pequena coleção de fotos que contenham lembranças familiares e de festas. Deixe que a criança tire suas próprias fotografias com o *smartphone* durante passeios ou caminhadas de exploração.

• Inclua seu filho em uma sessão de conversação por vídeo com amigos e parentes distantes.

• Acompanhe uma história favorita, ou uma das muitas perguntas sobre como algo funciona no mundo, com uma busca rápida por um videoclipe. "Veja como os ursos polares bebês brincam no gelo."

• Instale alguns aplicativos com jogos de memória e quebra-cabeças simples que tenham imagens atraentes.

• Mostre ao seu filho como localizar e tocar suas músicas.

• Crie histórias engraçadas junto com seu filho e grave-as para reproduzir em longas viagens de carro.

O tempo todo vemos bebês em seus carrinhos passar o dedo sobre telas e crianças em idade escolar absorvidas em seus próprios aparelhos digitais, e nos perguntamos se comunicação presencial, cara a cara, e a capacidade de concentração são qualidades humanas em perigo. Aonde isso tudo vai dar é motivo de certa preocupação para aqueles que, como nós, acreditam firmemente que bebês e crianças em idade pré-escolar precisam primeiro de experiências concretas que norteiem seu desenvolvimento. Temos certeza de que podemos oferecer a eles atividades práticas que despertarão seu interesse pelo mundo à sua volta, sem a necessidade de recorrer a aparelhos inteligentes.

Modelos de comportamento

Os primeiros modelos de nossos filhos somos nós mesmos, e eles nos copiam à risca desde seus primeiros dias de vida. Não surpreende, então, que seu bebê abandone os brinquedos para engatinhar até o celular – aquela coisa atraente e sensível ao toque que parece ocupar todos os minutos de sua mãe. Mantenha controle sobre o seu próprio uso da tecnologia digital em casa. Os *smartphones* e os *tablets* aparecem na hora do jantar?

Administrar o **tempo de tela**

a atenção é constantemente desviada por todos os
mails ou textos que surgem na tela? Você lê ou assiste
visão com um *tablet* no colo? Um estudo em escolas
EUA revelou que estudantes viciados em seus
relhos têm dificuldade em compreender textos que
ações anteriores achavam fáceis. Precisamos ter certeza
que nosso papel como modelo de comportamento não
criando um déficit de atenção em nossos filhos.
Com alguma reflexão, podemos aplicar nossos princípios
oferecer atividades significativas de forma controlada
ses aparelhos. Quando seu filho tiver pelo menos 4 ou 5
s, apresente à criança um *smartphone* ou *tablet* e faça uma
onstração cuidadosa, passo a passo. Configure atividades
transformem o dispositivo em uma ferramenta de
coberta, em vez de um brinquedo passivo, e dê à criança a
da autonomia para navegar e escolher como quiser – mas
ro de rígidos limites diários de tempo.

O CÉREBRO DE SEU FILHO

Em um dos estudos mais longos sobre saúde, desenvolvimento e comportamento humano, pesquisadores em Dunedin, Nova Zelândia, acompanharam mais de mil crianças desde seu nascimento no início da década de 1970. Nos primeiros oito anos do estudo, as crianças foram submetidas a testes periódicos para medir sua capacidade de prestar atenção. Quando os participantes foram testados novamente, já como adultos de 32 anos de idade, uma boa capacidade de concentração nos primeiros anos de vida se revelou como o maior preditor de sucesso futuro.

Vigilância on-line
Monitore o que as crianças exploram na internet e imponha limites. Coloque na barra de favoritos sites com imagens e conteúdos bem fundamentados.

Explorar o resto do mundo

Explorar o resto **do mundo**

Crianças são pequenos cientistas

As crianças têm um impulso inato para a descoberta. Incentive seu filho a observar o mundo e a experimentar um senso de maravilhamento.

Maria Montessori acreditava que todas as crianças se comportam como "pequenos cientistas", na medida em que anseiam por observar e fazer descobertas do tipo "e se...?" sobre o mundo deles. Os bebês e as crianças pequenas testam o ambiente para ver o que acontecerá, por exemplo, se deixarem cair um brinquedo para fora de seu cadeirão, ou se brincarem com a água durante o banho. Esse impulso para a descoberta continua a se desenvolver à medida que as crianças crescem e se tornam mais aventureiras nos seus experimentos, desde fazer bolinhos de barro no jardim até começar um terrário de minhocas. As crianças nascem com uma imaginação maravilhosa e um desejo intenso de explorar o mundo. Incentive esses aspectos em seu filho – ajude-o a descobrir a beleza e a maravilha de todas as coisas que existem ao seu redor.

O que as crianças enxergam

Lembre-se de que o mundo de seu filho está bem perto dele e junto ao chão. Observe a vida desse ponto de vista, pois isso poderá ajudá-lo a redescobrir o senso de maravilhamento de uma criança pequena. Tenha em mente o lento ritmo do mundo da criança. Acompanhe seu filho e esteja preparado para examinar qualquer coisa que capture seu interesse – uma joaninha ou uma flor, por exemplo. Não se impaciente se ele perambular lentamente – dê-se tempo para se adaptar ao ritmo da criança.

A melhor maneira de as crianças aprenderem é fazer coisas, e não ouvir alguém falar sobre elas. Isso é particularmente verdadeiro quando elas ainda são novas, mas também se aplica a crianças de mais idade e até mesmo aos adultos. Quando as crianças são novas, não estão apenas aprendendo coisas: estão aprendendo a aprender. Nenhum livro com palavras e ilustrações para descrever o mundo que existe perto de um riacho ou por baixo de um tronco apodrecido poderá substituir a

"Veja o mundo como seu filho o vê – de perto e junto ao chão."

146

Crianças são **pequenos cientistas**

Uma perspectiva diferente
Seu filho vê tudo de uma perspectiva muito própria. Dê-lhe tempo e espaço para prosseguir com as próprias investigações acerca do mundo natural.

portância de passar algum tempo estudando as coisas vivo.

Livros e outros materiais ajudam as crianças a pulsionar essas poderosas impressões e experiências suas mentes, mas é preciso que as bases sejam abelecidas pela observação direta e pela experiência tica.

O mundo ao ar livre

As crianças adoram ficar ao ar livre, perambulando, escalando árvores, colhendo frutinhas, coletando castanhas. Elas gostam de ajudar a cuidar do jardim de casa ou alimentar pequenos animais, como patos, coelhos e galinhas. Eles formam memórias perenes dos passeios com os pais na floresta, das brincadeiras no riacho, da

147

Explorar o resto **do mundo**

Surpresas da natureza
No outono, a coleta de castanhas dá às crianças um senso da riqueza da natureza, além de conhecimento sobre o ciclo anual da árvore.

Crianças são **pequenos cientistas**

escoberta de criaturas marinhas nas piscinas rochosas e as caminhadas pela praia à procura de conchas, pedaços e madeira e pedras.

É provável que a vida ao ar livre do seu filho tenha nício com pequenas excursões em seu carrinho de bebê, u nas suas costas. Reserve algum tempo para apresentá-o ao seu mundo. Até os bebês mais novos absorvem as magens e os sons ao ar livre — as nuvens que passam no éu, a visão e o perfume das flores no jardim, o vento que ssurra nas folhas das árvores. Tudo isso deixa uma pressão forte e duradoura. Não importa se é verão, utono, primavera ou inverno — todas as estações têm sua rópria beleza. Indique pequenas coisas: uma flor minuta que se sobressai da neve, uma linda concha, utos e bagas de cores vivas, uma folha perfeita.

À medida que seu filho for crescendo, comece a lhe ostrar coisas familiares durante as caminhadas. "Olhe, a sa da vovó! Que flores lindas ela cultiva no quintal!" Ou: Minha nossa, Mia, você está vendo o ninho que aqueles ssaros fizeram na árvore? Algum dia eles vão botar os no ninho e terão bebês-passarinhos!" No inverno, ao istar rastros de animais na neve fresca, pergunte a seu ho de que animal eles podem ser.

Guardiães do planeta

Outro conceito montessoriano importante é que as crianças são guardiãs da Terra e devem aprender a se preocupar com locais distantes, como as florestas tropicais e as calotas polares, e também com as áreas rurais e os bolsões de natureza existentes na cidade ou nos subúrbios, a fim de preservá-los para o futuro. Ensine seu filho a reverenciar a vida. Afinal, todos nós fazemos parte da teia da vida e dependemos do delicado equilíbrio do mundo natural para sobreviver. Por exemplo, é comum que as crianças aprendam a pensar no solo como "sujeira", uma palavra que implica algo nojento para muitas pessoas. Ensine seus filhos a respeitar os solos bons e ricos e toda a vida que eles nutrem em nosso planeta.

Enfatize a necessidade de tratar todas as coisas vivas com cuidado. Ensine seus filhos a não catar folhas e flores sem propósito, para, em seguida, descartá-las, e sim a juntá-las por um bom motivo. Não há problema em coletar de vez em quando flores selvagens e depois secá-las ou pressioná-las, ou ainda colocá-las em um vaso com água a fim de preservá-las pelo maior tempo possível, mas as crianças jamais devem colher quantidades demasiadas de nenhuma planta ou flor. Ensine seu filho a caminhar suavemente sobre a Terra, levando consigo somente o necessário.

Incentive seu filho a apreciar a floresta e os prados, sem deixar nada para trás. Ensine-o a nunca jogar lixo na natureza. Se você notar lixo no chão, recolha e leve com você até que possa descartar em local apropriado. Isso é particularmente importante no caso de garrafas, vidro quebrado, latas e sacos plásticos, que não apenas são feios, mas também podem prejudicar os animais. Para coletar com segurança latas e vidro quebrado, leve uma bolsa de lona a tiracolo. Quando seu filho crescer, dê a ele uma bolsa para que ele também recolha o lixo.

O CÉREBRO DE SEU FILHO

Pesquisadores dos EUA constataram que crianças pequenas que habitualmente passam seu tempo ao ar livre, envolvidas em atividades como caminhadas e acampamentos, apresentam maior tendência para se tornar adultos preocupados com o meio ambiente do que crianças que cresceram com pouco contato com a natureza.

149

Explorar o resto **do mundo**

Trabalhar no jardim da família

Ajudar no jardim é uma ótima maneira de construir habilidades práticas e de alimentar a busca de seu filho por novas descobertas.

Ao planejar seu jardim, tente reservar um espaço onde seu filho tenha liberdade para experimentar e cultivar coisas. Desde bem novas, as crianças podem se envolver nos ciclos anuais, desde plantar sementes dentro de casa em um período frio, no início da primavera, e depois transplantar as mudas para os canteiros, até cuidar do jardim e observar o crescimento das frutas e legumes até a ocasião da colheita. Para as crianças pequenas, há algo de maravilhoso em visitar a horta e voltar com uma cesta cheia de pés de alface, cebolinha e tomates que elas ajudaram a cultivar. Eu descobri que o consumo de legumes e verduras pelas crianças raramente será algo problemático se elas próprias ajudaram a cultivá-los, colhê-los e higienizá-los.

Não se esqueça de incluir ervas perfumadas no seu jardim. Os aromas de manjericão fresco, erva-doce e sálvia devem fazer parte das memórias de infância do se filho. O fato de poderem ser colhidas e comidas, ao acrescentar cor, fragrância e sabor aos seus alimentos, é mais um benefício.

> "O consumo de legumes e verduras pelas crianças raramente será algo problemático se elas próprias os cultivaram."

Equipamento de tamanho infantil

Compre ferramentas de jardinagem, regadores e carrinhos de mão com tamanho apropriado para seu fil Instale racks em sua garagem ou jardim para a guarda dessas ferramentas especiais e ensine seu filho a limpá- e retorná-las aos seus lugares depois de terminarem os serviços do dia. Providencie luvas de jardinagem de tamanho infantil e aventais de jardinagem reforçados, d cor verde-escuro, para que seu filho aprenda o conceito de asseio e ordem. Adquira cestas de tamanho infantil para as flores e frutas, verduras e legumes coletados po

Trabalhar no **jardim da família**

eu filho quando estiverem maduros e prontos para o onsumo.

Quando o espaço é limitado

Se você não tem um jardim familiar, considere a nstalação de caixas de janela ou faça um jardim de vasos. m um local ensolarado, com terra fértil e regas apropria- as, será possível cultivar uma incrível quantidade de egetais em um local pequeno – morangos, tomates, imentões, vagens e ervas aromáticas são algumas das pções fáceis e convenientes de cultivar. Uma das naiores vantagens da jardinagem em vasos é que o ardim fica exatamente no nível certo para as crianças equenas.

O poder das flores

Deixe espaço no seu jardim para flores, tanto as silvestres, nativas de sua região, quanto as tradicionais flores anuais e perenes que embelezam nossos jardins e trazem graça para nossas mesas. Ensine seu filho a colhê-las e arranjá-las em pequenos vasos na casa. Em geral, as crianças pequenas preferem colocar uma flor em especial em um vasinho do que criar arranjos. Use garrafas de formato agradável, como as de porções pequenas de 300 mL.

Deixe o kit de arranjo floral de seu filho sobre uma prateleira baixa que esteja ao alcance de sua mão. Além de diversos recipientes pequenos que ele pode usar, disponibilize também um par de tesouras de jardim de

Futuro jardineiro
O plantio de bulbos é uma atividade gratificante para as crianças pequenas. Mostre a seu filho como verificar se o vaso precisa ser regado.

Limpeza de outono
Em climas frios, as crianças adoram tarefas enérgicas, como juntar folha o rastelo.

Trabalhar no **jardim da família**

manho infantil para cortar as flores, um pequeno jarro para aguar a planta, um funil para facilitar o aguamento a terra de vasos pequenos e uma esponja para limpeza. alvez seja interessante colocar algumas toalhinhas ndadas sob os vasos.

Os arranjos de flores permitem que seu filho leve a natureza para dentro de casa – esses arranjos acrescentem beleza aos diversos aposentos, além de aprofundar a rcepção da criança com relação a diferentes plantas e res.

ocabulário de jardinagem

Ensine ao seu filho os nomes corretos de cada flor, ta e legume nas estações corretas. Antes que você se dê nta, a criança será capaz de dar nome a tudo no seu dim. Você também pode ensinar os adjetivos que screvem essas plantas: vermelho, grande, pequeno, mprido, áspero, sedoso e assim por diante. Muitas antas também têm usos práticos, tanto para cozinhar mo para outros usos na casa. A babosa, por exemplo, dá a pomada maravilhosa para arranhões e queimaduras.

Pendure fotos bonitas de plantas e flores em sua casa, tanto closes de fotografias criativas como impressos de pinturas famosas. A biblioteca do seu filho deve incluir alguns dos muitos livros atraentes publicados sobre flores, animais e o mundo natural. Muitas crianças apreciam fotos de flores ou folhas que encontraram em seus jardins.

Artesanato com materiais da natureza

Não esqueça que muitos tipos de artesanato usam flores, folhas, sementes e gramíneas. As crianças adoram fazer arte com materiais naturais. Elas podem aprender a usar uma pequena prensa para preservar flores e colocá-las em álbuns de recortes. Também podem tecer com capim e fazer pequenas cestas com agulhas de pinheiro. Castanhas e pinhas podem ser usadas para todo tipo de artesanato, por exemplo, em decorações para a mesa; e os ramos de muitos tipos de árvore com casca de aspecto agradável podem ser utilizados para fazer desenhos em relevo por decalque e colagens com material da natureza.

ALORES OBTIDOS COM O CONVÍVIO OM OS ANIMAIS

o há melhor maneira de encorajar seu filho a apreciar os seres os do que "convidar" alguns deles para que se tornem membros sua família. Os animais de estimação ajudam a incutir compaixão nso de responsabilidade. Mesmo uma criança pequena pode r a tigela do animal e enchê-la com ração. Já as crianças mais as podem aprender a limpar abrigos e gaiolas, ou levar o horro para passear. Se em sua casa isso for viável, considere a sibilidade de alguns pequenos animais de fazenda, como coelhos galinhas, além dos tradicionais cães e gatos.

animais são nossos companheiros. Embora tenha sido crença geral tempos passados que os seres humanos tinham o direito de inar a natureza, hoje em dia muitos de nós entendemos que existe a interdependência entre as pessoas e todas as plantas e animais mundo. Os animais merecem um tratamento bondoso e proteção ra a crueldade – e tais atitudes começam no seio de sua família.

153

Explorar o resto **do mundo**

Caminhar na floresta

Faça das caminhadas de exploração da natureza, no campo ou no parque, uma prática habitual de sua vida familiar.

Você pode tornar as caminhadas em família ainda mais excitantes se estabelecer um objetivo – peça a seus filhos que coletem amostras de coisas específicas, por exemplo, diferentes tipos de flores, folhas, pedras ou gramíneas. Cada criança pode levar um saco de papel para guardar o material coletado. Explique que um espécime é uma amostra de algo que você achou interessante ou sobre o que deseja saber mais. Você pode limitar quantas amostras cada criança coletará. Uma câmera de celular é útil para tirar fotos dos animais e pássaros encontrados, de cascas de árvores e fungos interessantes e de aranhas em suas teias.

Ao caminhar ao ar livre, certifique-se de conversar com seus filhos sobre o que eles estão experimentando. Fale sobre o clima e as estações. O que eles percebem? Como está o céu? Ensolarado? Há nuvens? Indique outras coisas que as crianças talvez não percebam, como a cor das folhas nas árvores e outros aspectos próprios da estação. Durante a caminhada, incentive-os a ficar em silêncio de vez em quando, para que possam ouvir os sons da natureza, além de apenas observar. Não permita que o mau tempo o detenha – não faz mal para as crianças sentir a sensação de chuva ou vento em seus rostos. As crianças são capazes de caminhar por um quilômetro e meio para cada ano de idade; assim, não subestime sua capacidade. Paradas para um lanche ou piquenique lhes dá tempo para "recarregar as baterias", além de permitir que, sentados, observem e desfrutem o mundo ao seu redor.

Preservação da natureza

Depois de retornar à casa, esvazie o conteúdo dos sacos com as amostras coletadas em uma bolsa de jardinagem de plástico e peça a seus filhos que falem sobre cada um dos objetos coletados. É vivo ou não? Onde eles acharam? O que já sabem sobre o objeto? Em outras ocasiões, estabeleça como foco de sua caminhada o clima, a vida dos pássaros, ou os sons da floresta; fotografe e tome notas do que seus filhos observam e ouvem em um caderno. Explique que se as pessoas sempre retirassem amostras da natureza, não haveria mais nada para as outras pessoas apreciarem.

Caminhar na **floresta**

Fora do caminho mais conhecido
Fora das trilhas, as crianças podem escalar troncos, chapinhar em riachos e aproveitar a sensação das folhas e da lama debaixo dos pés.

Explorar o resto **do mundo**

NA PRÁTICA   Atividades ao ar livre

Independentemente do tempo, não deixe de fazer caminhadas. Seguir um trajeto familiar no parque da vizinhança ou n[o] campo permite que as crianças compreendam melhor as estações e tenham uma noção das mudanças que elas trazem[.]

As lições das folhas
As folhas são uma ótima fonte de informação sazonal. Peça a seus filhos que descrevam sua forma e textura, bem como a cor.

Criaturas vivas
Assistir uma lagarta a rastejar sobre uma folha é fonte de grande interesse e diversão para seu pequeno cientista.

Olhe nesta direção
Mostre ao seu filho como usar binóculos para observar aves. Leve com você um livro de observação para ajudá-lo a identificar o que ele está vendo.

Histórias vistas do alto
Caminhe no ritmo do seu filho e, sempre que ele quiser, permit[a] que pare e absorva o que pode ver e sentir. Observar uma árvo[re] sentado sob ela oferece uma perspectiva diferente.

Caminhar na **floresta**

Aprender a observar
Durante a caminhada, reserve um tempo para parar e examinar as coisas que atraem o interesse de seus filhos. Não sobrecarregue as crianças pequenas com detalhes excessivos sobre suas descobertas – peça que descrevam o que conseguem observar.

O AR LIVRE

...eje uma confortável caminhada circular e reserve um tempo ...a para algumas das seguintes distrações: siga um esquilo • ...te uma árvore • role nas folhas • sente-se na margem de um ...e observe os gansos • procure morangos silvestres • procure ...ras incomuns • procure flores selvagens (mas sem as colher – ...erve, estude e memorize) • deite-se de costas com a cabeça ...ostada em um tronco de árvore e observe seus ramos de baixo ... cima • ouça o vento • observe os pássaros em seus ninhos • ...uma borboleta • estude as sombras projetadas pelo sol • ...nda os nomes das árvores na vizinhança de sua casa • estude ...rmas das folhas • use carvão e papel transparente para estampar o relevo de cascas de árvore • colete sementes • procure árvores pequenas • procure pinhas • procure rastro de animais • encontre uma árvore caída cuja madeira tenha começado a apodrecer – explore os bichinhos que vivem nela • sente-se de olhos fechados • ouça o chamado dos pássaros • procure samambaias-bebês • sinta o aroma da brisa • encontre pequenas grutas onde fadas gostariam de viver • faça um piquenique • desça uma colina com os braços abertos como um avião • faça barquinhos de papel no riacho • leve um saco e recolha o lixo encontrado ao longo do caminho • procure fungos – mas não os toque, nem os coma.

Explorar o resto **do mundo**

Fazer um
museu da natureza

Quando seu filho trouxer espécimes para casa, ajude-o a criar seu próprio "cantinho da natureza", onde ele pode observar e aprender.

A maioria das crianças demonstra forte desejo de trazer algumas amostras da natureza para casa, e ficarão muito felizes se você encontrar algum meio de acomodar seus achados. Dependendo do espaço disponível, um cantinho da natureza no quarto de seu filho pode ser tanto uma simples mesa de "achados" e fotografias das descobertas da criança ao ar livre até um aquário e terrário que abrigue lagartas, insetos, besouros, sapos e outros pequenos animais que a criança achou e "convidou" para uma breve estadia na casa.

> "As crianças mais velhas gostam de fotografar e desenhar a natureza, desde paisagens arrebatadoras até uma flor solitária..."

Em nossa casa, chamávamos o museu da natureza Estalagem da Gota de Orvalho. Na primavera e no início do verão, tínhamos pequenos vasos com flores silvestre árvores-bebês achadas numa floresta próxima. Traziam da mata algumas lagartas que eram mantidas em um terrário coberto, e assim podíamos observar as crisálida que se formavam e as mariposas ou borboletas que dela surgiam. Coletávamos desovas de rã e observávamos a se transformarem em girinos, quando então os soltávamos na lagoa perto de nossa casa. De vez em quando, chegávamos a incubar pintinhos em uma incubadora. E certamente, a ocasional ninhada de gatinhos ou cãezinh era o ponto alto de qualquer ano.

Nossos filhos estudaram flores ao comparar diferentes espécies e contar pétalas e estames. No outono, as crianç coletavam frutas, nozes e bagas, observando como estava distribuídas e quais animais se alimentavam delas. Nossos filhos traziam espécimes para o museu da natureza a fim identificá-los, rotulá-los e exibi-los. Também coletavam e comprimiam flores e folhas que, depois, eram coladas em papelão ou em pequenos álbuns encadernados. Em pequenas prateleiras, as crianças exibiam coleções de seu

Fazer um **museu da natureza**

hados: ninhos e ovos de passarinho abandonados, peles de bra, pedaços de árvores e amostras de casca de árvore, sulos, insetos montados e ossos de animais preservados.

Terrários e aquários fechados serviam de casa para as rmigas, camaleões, tritões, salamandras, percas e tarugas que visitavam nossa casa durante algum mpo. Caixas de raízes – recipientes de plantio com uma s paredes de vidro, para possibilitar a observação do escimento das raízes – sempre faziam muito sucesso.

omeçar aos poucos

Reúna alguns itens básicos para que seu filho comece rabalhar: uma lupa ou lente de aumento, um microscó- simples, caixas e potes para insetos, manuais para ntificação, cartões para rotulagem e álbuns de recortes.

À medida que o interesse dele aumenta, você talvez queira acrescentar equipamentos mais sofisticados, por exemplo, uma fazenda de formigas, caixas de raízes, um terrário, um aquário e uma incubadora. Instale no exterior da casa alimentadores para pássaros e caixas de ninho. Agora, é possível comprar kits de borboletas que fornecem crisálidas para sua casa na época certa do ano.

À medida que seu filho cresce, é possível que queira manter um diário de suas observações em casa e no campo. Incentive-o a escrever poemas e histórias que captem o senso de maravilhamento e de beleza ao seu redor. As crianças mais velhas gostam de fotografar e desenhar a natureza, desde paisagens arrebatadoras até uma flor, folha, pena ou fruto de pinheiro solitário, que tenha sido levado para a prateleira da natureza.

O olho espião
Oswin observa curiosamente através de sua lupa.

Explorar o resto **do mundo**

Brincadeiras de festa inspiradas na natureza

Existem muitos jogos excelentes para festas ou para grupos de crianças que ensinam sobre o mundo. Aqui estão três deles.

Naquelas ocasiões em que você recebe em sua casa um grande grupo de crianças para uma ocasião especial, por exemplo, uma festa de aniversário, escolha jogos que ensinem a elas algum aspecto do seu mundo e que, ao mesmo tempo, mantenham as crianças entretidas.

Jogo do poço de água

Nesse jogo, participam oito ou mais crianças – e talvez seja melhor jogar no jardim, para que não haja risco de molhar seu tapete. Diga às crianças que elas devem fingir que são animais, por exemplo, antílopes, que estão indo à noite até o poço para beber água. Uma das crianças é um predador, por exemplo, um leão-da-montanha. Essa criança se senta no meio de um grande círculo, cercado por copos de água. Ela está vendada e "armada" com um frasco de água com bico de *spray*. Um a cada vez, os "antílopes" se aproximam para tomar um gole de água: a criança pega o copo e retorna com ele para seu assento. O leão não pode ver o antílope e depende de sua audição. Se ele ouvir o antílope ao se aproximar, poderá espirrar com seu frasco, lançando um jato de água na direção do som que ouviu. Se a criança da vez for

atingida, é eliminada do jogo. Assim que todos os antílopes tiverem tomado o gole de água ou sido atingidos pelo jato, o jogo termina.

Jogo da cadeia alimentar

Esse jogo é uma variação do pega-pega e tem com objetivo ensinar às crianças os conceitos básicos de um cadeia alimentar simples. Escolha uma cadeia alimenta com quatro níveis e descreva-a para o grupo de crianç. Por exemplo, as plantas são comidas por gafanhotos, q são comidos por sapos, que são comidos por falcões, completando a cadeia alimentar.

- Divida as crianças em três grupos. Em um grupo de dez crianças, sete serão gafanhotos, duas serão sapos uma será o falcão.
- Dê a cada criança que está fingindo ser um gafanho um pequeno saco plástico, que representa a pequena barriga de um gafanhoto. Amarre uma fita larga de cor marrom ao braço de cada gafanhoto.
- Dê a cada criança que está fingindo ser um sapo um s maior, que representa a barriga maior do sapo. Em segui amarre uma fita de cor laranja no braço de cada sapo.

Brincadeiras de festa **inspiradas na natureza**

Predador e caça
No jogo do poço de água, o leão-da-montanha senta-se em silêncio, à espera de capturar o antílope.

Um pega-pega diferente
Cada "animal" do jogo tem uma fita amarrada no braço e um saco de pipoca para representar sua comida.

Brincadeiras de festa **inspiradas na natureza**

Dê um grande saco plástico para a criança que está fingindo ser o falcão. O saco representa a barriga ainda maior de um falcão. Amarre uma fita verde no braço do falcão.

Agora, espalhe uma fina camada de pipocas pelo tapete ou gramado, para representar o alimento vegetal dos gafanhotos. Explique aos gafanhotos que eles "comem" as pipocas ao inclinar-se para pegar uma pipoca cada vez e colocá-la em seus sacos plásticos. Ponha os sapos para caçar os gafanhotos. Ao capturar um deles, devem esvaziar as pipocas da barriga do gafanhoto (o saco plástico) em sua própria "barriga". O gafanhoto em questão deve então se retirar do jogo. Ponha o falcão para caçar os sapos e, também nesse caso, se ele pegar um sapo, poderá esvaziar o conteúdo da "barriga" do sapo em seu próprio saco plástico, e o sapo capturado deve se retirar do jogo. Transcorridos cinco minutos, confira quantos gafanhotos e sapos ainda estão no jogo e sobreviveram à cadeia alimentar.

Jogo da teia da vida

Essa é uma boa atividade para os dias chuvosos e pode ser jogada por dez ou mais crianças. Você precisará de uma seleção de animais de pelúcia ou de fotos de animais para representar os animais na teia da vida – um pássaro, um verme, uma rã, uma tartaruga, um peixe, uma abelha, uma vaca e quaisquer outras criaturas familiares que você queira incluir. Você também precisará de fotos de uma árvore, de capim, de uma flor e do oceano (para representar a água). Além disso, você precisará de cordões longos de diferentes cores.

Convide todas as crianças a se sentarem fazendo um grande círculo. Pergunte: "Quem quer ser o Sol? O Sol deve se sentar bem aqui, no meio do nosso círculo". A criança que se sentar no meio deve vestir alguma roupa amarela para representar o Sol. "Agora, que planta ou animal você gostaria de ser, Olivia? Ah, o lobo! Muito bem. Pegue o lobo de brinquedo e segure-o no colo." Depois que todas as crianças tiverem escolhido uma planta, um pássaro ou outro animal, questione as crianças sobre cada personagem: "Quem precisa do Sol? Os pássaros precisam do Sol? Sim, precisam!" "Quem precisa de água? Os pássaros precisam de água? Sim. Os elefantes precisam de água? Sim, precisam!".

Ao conectar cada planta ou animal àquilo de que ele precisa, passe um cordão entre os dois. Com o desenrolar do jogo, isso criará a "teia da vida" que, depois de terminada, é bastante complexa e bonita. "Vejam, todos nós precisamos uns dos outros!".

O topo da cadeia alimentar
O falcão, com sua fita verde, captura um sapo e pega seu saco de pipoca.

163

Explorar o resto **do mundo**

Dar vida
às culturas

Apresentar nossos filhos a diferentes culturas ajuda a cultivar seu senso de admiração e curiosidade, além de dissipar o preconceito.

Toda a humanidade faz parte de uma família global. Compartilhamos as mesmas necessidades e temos mais coisas em comum do que coisas que nos dividem. Hoje em dia, a maioria das comunidades reflete uma verdadeira colcha de retalhos de pessoas com uma ampla gama de origens étnicas e culturais. Nosso papel como pais é incentivar nossos filhos a viver em paz e harmonia com todas as pessoas. O preconceito não é inato, é adquirido, e nosso primeiro dever é ajudar nossos filhos a crescer com a mente aberta e à vontade em nossas sociedades diversificadas, ao oferecer como exemplo nossas interações cordiais e positivas com pessoas de todas as culturas. Você pode fazer isso se apresentar seus filhos a pessoas de diferentes culturas e origens étnicas, promover opiniões e ideias positivas e também explorar e experimentar as culturas de diferentes países.

Estudos culturais

Aprender sobre lugares distantes, sonhar, imaginar e desejar viajar para esses países algum dia no futuro sempre permitiram às crianças e adultos abraçar todo o mundo e se preocupar com seu bem-estar. Não posso imaginar um objetivo educacional mais importante que esse. Nas escolas montessorianas, os estudos culturais levam as crianças para além da aceitação – para a compreensão, apreciação e celebração de diferentes culturas e países. Para atingir nosso objetivo, temos que dar vida a coisas que são estranhas à experiência das crianças. As escolas montessorianas lançam mão de experiências multissensoriais e práticas e de celebrações internacionais extraídas de todo o mundo. Concentramos nossos estudos em um determinado tema ou tópico por vez, observando-o desde muitas perspectivas. Por exemplo, quando estudamos a África, observamos a própria terra, o clima, as plantas e os animais que lá vivem, as pessoas e suas habitações, a comida, a roupa, os estilos de vida, histórias e lendas, arte, música, dança, tradicionais e festas.

Em sua casa, você pode usar essa mesma abordagem. As crianças pequenas têm grande interesse em outras crianças e gostam de ouvir histórias sobre como elas vivem em outros países. As crianças gostam de tentar novos trabalhos de arte, ouvir música e aprender canções e danças folclóricas de todo o mundo.

Dar vida **às culturas**

Celebrar a diversidade
Tenha como objetivo criar uma vida familiar em que a descoberta do mundo e de suas diferentes culturas seja uma atividade fascinante e livre de preconceitos.

165

Explorar o resto **do mundo**

Vestir-se em trajes diferentes é atividade divertida e gera uma impressão duradoura. A exploração de alimentos de diferentes países se presta a inúmeras experiências sensoriais; a maioria das crianças aceita provar uma comida diferente se estiver envolvida no processo de prepará-la.

Qual cultura?

Comece de maneira simples. Concentre-se em um único país durante o seu primeiro ano. Uma boa maneira de começar é com um bonito livro de fotografias ou um filme sobre o país. Coisas simples, como colecionar fotos e cartões-postais, são um bom ponto de partida.

Tenha em mente os seguintes pontos:

- Comece admitindo que você não conhece tudo sobre a cultura que está estudando, mas, assim como seu filho, também vai aprender mais.
- Transmita curiosidade e um senso de aventura. Imagine que vocês vão viajar para esse país interessante e que estão se preparando para isso.
- Sempre fale com respeito e carinho sobre a cultura estudada. As crianças captam suas emoções subjacentes

Bonecas russas
Lembranças como estas matriocas possibilitam atividades sensoriais interessantes.

> Certifique-se de que tudo o que você compartilhar com seu filho sobre a cultura seja verdadeiro e preciso.

> Experimente alguns cumprimentos e frases de cortesia simples no idioma do país escolhido e pratique junto com seu filho.

Monte uma exposição

Reúna toda a informação possível sobre o país que você escolheu por meio da internet e de livros. Peça emprestados objetos de parentes e amigos que tenham nascido no país ou que já tenham estado lá. É provável que alguns deles se disponham a lhe emprestar obras de arte, gravações de música ou trajes nativos autênticos. Esses materiais podem ser organizados como uma exibição em algum lugar em sua casa por um curto período de tempo e depois devolvidos a seus donos.

Se você for visitar o país objeto do seu interesse, faça uma coleção enquanto estiver lá. Procure selos, moedas e papel-moeda; jornais e revistas; cartazes e cartões-postais que mostrem cidades, locais importantes e cenas comuns, bilhetes de ônibus e trem, e ingressos de museus e galerias, artesanatos como cerâmica, cestas, esculturas, estatuetas, modelos de casas, barcos e bonecas vestidas com trajes tradicionais. Adquira um chapéu ou uma peça de roupa tradicional para que seu filho experimente.

Estabeleça uma área especial, como uma mesa ou prateleira, em algum lugar da casa para exibir seus tesouros: bonecos, brinquedos, obras de arte, livros, modelos de casas, coleções de imagens, moedas e coisas do gênero. Será interessante ter uma parede atrás de seu local de exibição na qual você possa pendurar um pôster ou pintura como parte de sua exibição. Seus filhos e os amiguinhos deles provavelmente acharão a exibição cultural atraente e interessante. Decore a área com itens como lanternas de papel, esculturas, tecidos com estamparia chamativa, bandeiras, leques ornamentais e flores.

FERIADOS CULTURAIS

Sua família deve celebrar uma série de feriados a cada ano. Normalmente, esses seriam os principais feriados religiosos ou culturais que fazem parte da tradição da sua família, além daqueles que são celebrados no país em que você mora. Alguns feriados e datas importantes no Brasil e no mundo são:

- Ano-novo
- Carnaval
- Dia Internacional das Mulheres
- Paixão de Cristo
- Páscoa (cristã)
- Dia do Índio
- Tiradentes
- Dia do Trabalho
- Dia das Mães
- Dia do Trabalho
- Corpus Christi
- Festa Junina
- Dia dos Namorados
- Dia dos Pais
- Dia do Folclore
- Independência do Brasil
- Dia da Árvore
- Dia do Professor
- Nossa Senhora Aparecida
- Dia das Crianças
- Dia das Bruxas (Halloween)
- Dia de Finados
- Proclamação da República
- Natal (cristão)

Explorar o resto **do mundo**

Uma festa de aniversário
montessoriana

As escolas montessorianas usam uma celebração especial que você pode facilmente adotar em casa para comemorar o aniversário de seu filho.

Muitas vezes, as festas de aniversário tradicionais tendem a se concentrar em presentes, lembrancinhas e muitos doces. Uma festa de aniversário montessoriana propõe uma abordagem diferente, com o objetivo de introduzir um pouco mais de compreensão e cerimônia no processo. Os filhos recebem uma primeira impressão da relação entre a Terra e o Sol e aprendem que um ano é o tempo que a Terra leva para completar uma volta em torno do Sol. O aniversariante também ouve a história de sua vida, ano após ano, desde seu nascimento até os dias atuais.

Contar os anos

Você precisará de um pequeno globo para represent a Terra, uma vela ou uma lâmpada para representar o So e um círculo (ou, idealmente, uma elipse) desenhado no chão com fita adesiva ou com um longo cordão para representar a órbita da Terra ao redor do Sol. Faça anotações sobre eventos importantes na vida do seu filh até os dias atuais e reúna fotos dele em diferentes época para ajudar a contar a história de sua vida até o momen presente.

No dia do aniversário do seu filho, reúna a família ao redor do cordão (a órbita), mas deixe espaço suficiente para que o aniversariante possa andar livremente. Trag vela (ou lâmpada) e o globo para o local da reunião. Tenha suas notas e fotos à mão. Coloque a vela no meic do círculo e acenda-a. Lembre às crianças que essa chama é fogo e é muito quente, portanto, devem ficar sentadas em seus lugares e assistir à atividade a distânc

> "Uma celebração de aniversário montessoriana introduz uma compreensão mais ampla e uma cerimônia mais significativa no processo da festa."

Uma festa de aniversário **montessoriana**

PASSO A PASSO Celebração

'essa cerimônia, as crianças aprendem que sua idade
stá ligada à jornada da Terra ao redor do Sol.

m
a vela representa o Sol e um globo representa a Terra. Uma
eção de fotos conta a história dos primeiros quatro anos de vida
Mia.

Dois
A mãe de Mia acende a vela no centro do círculo feito com o
cordão e explica que a Terra leva um ano para girar uma vez ao
redor do Sol.

es
conduz a Terra ao redor do Sol quatro vezes.
ois de cada circuito, sua mãe descreve
naquela idade e exibe algumas fotos.

Quatro
Os amigos de Mia cantam uma canção de aniversário,
e então Mia assopra a vela para assinalar o final da cerimônia.
Agora é hora das comidinhas e das brincadeiras da festa.

Explorar o resto do mundo

Diga: "Esta vela (ou luz) representa o Sol – o mesmo Sol que vemos no céu. O Sol é uma grande bola de fogo que continua sempre queimando e nunca se apaga".

Pegue o globo, caminhe lentamente ao redor do cordão no chão e diga: "Este globo representa a Terra, o planeta em que vivemos. A Terra gira em torno do Sol. Demora muito tempo para a Terra dar uma volta completa. Toda vez que a Terra dá uma volta completa em torno do Sol, um ano inteiro se passou. Leva um ano inteiro para a Terra dar uma volta em torno do Sol". Agora, passe o globo para o aniversariante e oriente-o a se preparar para caminhar lentamente ao redor da linha, assim como você fez. Comece a contar a história da criança – algo assim: "Hoje é o aniversário de Mia, e vamos comemorá-lo de uma maneira especial. Mia vai levar o globo e caminhar lentamente ao redor da linha quatro vezes, porque ela tem 4 anos de idade".

"Mia está apenas começando sua jornada com a Terra em torno do Sol. Ela ainda não nasceu. Mamãe e papai esperam ansiosamente por sua chegada, e vovó e vovô estão em nossa casa para ajudar quando o bebê nascer. Mia, pode dar um passo adiante, por favor?" Mia avança um passo. "Agora Mia nasceu. Ela é pequena – deste tamanhinho –, é toda cor-de-rosa e fica enrolada e um cobertor. Mamãe e papai estão tão orgulhosos! Aqui está uma foto de Mia quando ainda era um bebê recém-nascido."

"Mia, pode dar uma volta completa? Pare quando você retornar a este ponto. Agora, Mia fez um ano e está comemorando seu primeiro aniversário com sua família. Continue a história dessa maneira. Quando Mia tiver andado em torno do cordão o número correto de vezes para sua atual idade, diga: "Agora, Mia já tem 4 anos, e hoje é o aniversário dela. A Terra girou ao redor do Sol quatro vezes. Quatro anos se passaram desde que Mia nasceu". A comemoração pode ser encerrada com uma canção de aniversário. No fim, peça a seu filho para assoprar a vela.

Cápsula do tempo

Algumas famílias gostam de compilar uma "cápsula do tempo", consistindo em objetos que ajudem seus filhos a refletir e relembrar o ano passado. Podem entrar na cápsula fotos, uma cópia de alguns filmes da família, uma carta da mãe e do pai e talvez algum trabalho de arte ou outros objetos que seu filho decida adicionar. A caixa deve ficar em um lugar seguro, para que a criança possa examinar seu conteúdo sempre que desejar.

Caixa da memória
Mantenha sua coleção de lembranças de cada ano em caixas, para que seu filho possa examiná-las e reforçar suas memórias de si mesmo com diferentes idades.

Uma festa de aniversário **montessoriana**

Quando eu era menor...
Mia compartilha fotografias dela própria com diferentes idades com o amigo Ali.

171

6

O melhor momento para aprender

O melhor **momento para aprender**

As bases do aprendizado

O período sensível para a linguagem começa no nascimento, e todas as crianças pequenas respondem a um ambiente rico em palavras.

Algumas crianças também entram em seu período sensível para o aprendizado de habilidades acadêmicas em idade precoce; outras não demonstrarão o menor interesse até terem mais idade. Com a abordagem certa, você pode aumentar as chances de que seu filho queira aprender a ler, escrever e trabalhar com números com entusiasmo natural. Este capítulo mostra a você como permitir que seu filho se desenvolva em seu próprio ritmo, no seio de um ambiente familiar que ofereça estímulos e apoio adequados.

Ler em voz alta

A maioria de nós oferece uma grande variedade de livros para nossas crianças pequenas, e isso pode começa logo após o nascimento do primeiro filho. Os editores cad vez mais têm ciência da importância de livros infantis ben ilustrados, e existem à nossa disposição opções maravilho sas. Como minha avó costumava dizer: "Apesar dos apert financeiros que tivemos ao longo dos anos, sempre reservamos dinheiro para comprar bons livros".

PAIS EXIGENTES

Aprender não é uma corrida. As crianças aprendem no seu próprio ritmo e, em geral, tem-se observado que quanto mais os pais pressionam, mais as crianças resistem. Os pais exigentes veem seus filhos como uma extensão de seu próprio status como adultos: se tiverem um filho que já leia aos 3 anos, então evidentemente fizeram um bom trabalho como pais. Mas se uma criança, sem dizer nada, acaba ressentida com as lições, professores, livros de exercícios e provas, será que fomos realmente bem-sucedidos?

"Tão logo seu bebê seja capa de se sentar e se concentrar, passe algum tempo com ele apreciando uma variedade d livros ilustrados."

As bases do **aprendizado**

Hora da leitura em família
Ler para seus filhos com regularidade ajuda a promover o amor pelos livros.

Assim que seu bebê se mostrar capaz de se sentar e concentrar, gostará de passar períodos curtos no seu [colo] a olhar livros ilustrados e ouvi-lo falar sobre o que [está] na página. Conforme seu bebê cresce, leia para ele [todos] os dias, não só na hora de dormir, mas sempre que [lhe] for possível. Preste atenção aos seus livros favoritos e [procure] manter o seu próprio entusiasmo nos momentos em [que] seu filho espera que você os leia repetidas vezes. As [crian]ças absorvem essas histórias por repetição.

Manter a conversa

Ao cuidar de seu bebê ou filho pequeno, fale sobre o que está fazendo. Isso liga suas ações à linguagem e ajuda seu filho a desenvolver um vocabulário extenso. "Agora, vou trocar sua fralda. Oh, meu querido, como você estava molhado!" Ou: "Vou pegar você no colo. Aqui vamos nós! Vou colocar você nos meus ombros". Fale sobre o que você vê seu filho fazer no exato momento em que a ação se desenrola: "Você deve estar com muita sede. Você está

175

O melhor **momento para aprender**

Conversando juntos
Fale com clareza e precisão com seu filho. Seus olhos lhe dirão se ele entendeu tudo o que você disse.

As bases do **aprendizado**

ebendo muita água hoje". "Você cavou esse buraco ertinho para essa flor. Agora você pode plantar a flor no uraco." Fale claramente e seja muito específico no que isser: "Junte todos os botões azuis com os outros botões zuis". Embora seu filho possa não entender o significado as palavras, não há necessidade de usar "conversa de ebê".

No entanto, é importante não assumir que seu filho ntende você. Use palavras e frases simples e olhe-o nos lhos ao falar com ele. Se você olhar bem em seus olhos, eralmente saberá se a criança entende suas palavras, ou está confusa. Ela desvia o olhar? Demonstre o que ocê quer dizer se achar que seu filho não está entenden- o. À medida que a capacidade de compreensão de seu ho aumentar, a linguagem que você usa deve se tornar ais complexa em termos de vocabulário e estrutura das ações. Enriqueça-o com novas palavras. Desligue a levisão ou o rádio, a menos que vocês estejam assistin- o ou ouvindo juntos – um ambiente barulhento dificulta desenvolvimento da linguagem.

Quando seu filho for muito pequeno, ajude-o a se municar sem palavras. Use mímica para interpretar stórias ou situações. Convide seu filho a brincar mbém. "Imagine que você está carregando um filhote cachorro gigante, do tamanho de um cavalo!" "Imagine e você é um pássaro voando no céu. Bata suas asas sim!" Você também pode representar o significado de

"Ao cuidar de seu bebê ou lho pequeno, fale sobre o ue está fazendo. Isso liga uas ações à linguagem."

O CÉREBRO DE SEU FILHO

O vocabulário do seu filho é importante. Um estudo com alunos da Grã-Bretanha descobriu que, em um grupo de cem crianças de 7 anos, os 25% com melhor desempenho tinham um vocabulário de cerca de 7.100 radicais de palavras, em comparação com um vocabulário de cerca de 3.000 palavras para os 25% de pior desempenho. Para recuperar o atraso em cinco anos, o grupo de vocabulário pobre teria que aprender três ou quatro novos radicais de palavras a cada dia. Tem-se demonstrado que a contribuição dos pais é um dos fatores mais importantes para o vocabulário de uma criança, independentemente do contexto familiar.

muitas palavras (grande, alto, rápido, lento, sorriso, tristeza). As crianças mais velhas continuam a gostar dessa atividade.

Ensinar os nomes dos objetos da casa

Ensine a seu filho os nomes corretos das coisas existentes na casa. Em seu período sensível para a linguagem, as crianças podem facilmente absorver novas palavras e entender seu significado. Quanto mais palavras aprenderem, melhor. Mesmo que seu filho invente palavras ou cometa erros de pronúncia, você não deve falar errado para deixar as palavras "fofinhas". Basta pronunciar o nome correto, tendo em mente que a capacidade do seu filho para entender e vocalizar uma gama completa de sons se desenvolverá por etapas. Por exemplo, numa primeira fase, seu filho aprende a palavra "cachorro" e aprende a distinguir um cachorro de um gato. A partir daí, você pode começar a ensinar a ele outras palavras que definam cães e gatos.

177

O melhor **momento para aprender**

Um exemplo seria a criança aprender que seu cão "Biscuit" é um poodle francês, e que "Toby", o cão do vizinho, é um bassett. Aprender os nomes de animais e pássaros familiares, flores e árvores, frutas, vegetais, partes do corpo e coisas encontradas em casa são bons exemplos que podem ser ensinados por meio da lição Montessori de três estágios (ver página oposta). Um rico vocabulário é uma base sólida para toda uma vida de aprendizagem.

O uso de palavras descritivas

Quando seu filho souber os nomes de muitos objetos, comece a ampliar seu vocabulário ensinando à criança novas palavras que descrevam os objetos e sua localização. Você pode começar com palavras que descrevam as cores dos objetos. De início, apresente as cores primárias (vermelho, azul e amarelo), depois as cores secundárias (verde, laranja, roxo etc.), e, em seguida, tons familiares (lilás, rosa, azul pastel, castanho e assim por diante).

Depois, você pode ensinar ao seu filho as palavras que descrevem as cores, como azul-claro, vermelho-escuro, amarelo-vivo. Apresente também ao seu filho palavras que descrevem dimensões (grande ou pequeno, curto ou longo, fino ou largo), sabores (salgado, doce, azedo), peso (leve e pesado), textura (áspero e liso) e, assim por diante.

À medida que seu filho aprender os adjetivos descritivos básicos, comece a apresentá-lo à linguagem comparativa: maior e menor, mais comprido, mais alto. Esse vocabulário é essencial quando as crianças trabalham com as atividades sensoriais descritas no Capítulo 2. "Qual desses cubos é o maior? Agora, qual é o que vem a seguir?".

Quando você achar que seu filho tem uma boa compreensão das palavras descritivas, peça-lhe que descreva as coisas em suas próprias palavras. "Como você descreveria o Toby (o bassett do vizinho)?". Incentive-o a recontar histórias ou a descrever o que está fazendo enquanto vocês preparam o jantar juntos.

Enriquecimento do vocabulário

Os professores montessorianos usam um processo de três estágios para ajudar as crianças a desenvolver um rico vocabulário. As crianças aprendem o significado das palavras quando podem associar o nome a um objeto. Por exemplo, eis uma forma de ensinar a uma criança pequena os nomes das cores secundárias.

Na primeira etapa, mostre ao seu filho uma amostra pintada com tinta laranja. Nomeie a cor: "Isto é laranja". Agora, mostre ao seu filho uma amostra de tinta verde. Nomeie a nova cor: "Isto é verde". Finalmente, mostre ao seu filho uma amostra pintada de roxo e diga: "Isto é roxo".

O JOGO DO COMANDO

Às vezes pode parecer o contrário, mas as crianças adoram seguir ordens em um jogo. Comece com comandos simples, de uma só etapa: "Por favor, me passe o caminhão", ou "Por favor, me passe o caminhão que está ali". Em seguida, torne os comandos mais desafiadores, acrescentando uma descrição de determinado objeto e sua localização. "Você pode me passar o balde vermelho grande que está naquela prateleira alta?" Para as crianças pequenas, isso é muito mais difícil se o objeto que você pedir estiver em outro cômodo. Não se surpreenda se elas se perderem durante o percurso, caso você tente essa atividade cedo demais.

À medida que seus filhos crescerem, você pode deixar o jogo mais desafiador com o acréscimo de mais uma etapa. "Você pode, por favor, levar essas flores até a bancada ao lado da pia? Depois, escolha um vaso e coloque um pouco de água nele. Então coloque as flores no vaso e arrume-as para ficarem bonitas para a nossa mesa. Quando terminar, coloque o vaso sobre a mesa; nossos convidados ficarão encantados!".

As bases do **aprendizado**

Na segunda etapa, ajude seu filho a estabelecer uma ligação entre a linguagem e sua própria experiência: diga o nome de um objeto e peça à criança para encontrá-lo. "Mostre-me o laranja." Seu filho deve apontar para a amostra laranja. Em seguida, peça-lhe para "mostrar o roxo", e ele deve apontar para a amostra roxa. Se seu filho cometer um erro, apenas ensine a lição mais uma vez. Retornando à primeira etapa, aponte para a amostra roxa e reafirme: "Isto é roxo". Aponte para a amostra verde e reafirme: "Isto é verde". Na terceira etapa, pedimos às crianças que falem o nome de algum objeto sem nomeá-lo primeiro, como anteriormente. Aponte para uma das amostras pintadas e pergunte: "Que cor é esta?" Seu filho deve responder: "laranja". Se ele cometer um erro, repita a lição e confirme pacientemente os nomes das amostras (para tanto, repita a primeira e a segunda etapas).

Uma grande variedade de palavras

Para começar, você pode usar a abordagem da lição em três estágios para apresentar seu filho a muitos objetos diferentes do cotidiano, como tipos de frutas ou vegetais (como pimentão, alcachofra e abóbora; ver abaixo), animais, pássaros e objetos domésticos. Repita o jogo com o mesmo conjunto de objetos ao longo de vários dias ou semanas — somente passe para um novo conjunto de objetos quando ficar claro que seu filho sente-se confiante em lembrar todos os nomes no primeiro conjunto.

PASSO A PASSO A lição em três estágios

Depois de ter aprendido essa sequência, você poderá usá-la em muitas situações. Essa abordagem é agradável por se apoiar gradualmente no que a criança conhece, em vez de tentar colocá-la em uma situação que possa induzi-la ao erro.

Um
A mãe de Oswin diz a ele os nomes de três vegetais diferentes. Ela aponta para cada um deles enquanto pronuncia os nomes.

Dois
Agora, pede que Oswin aponte para um deles — a abóbora. Ela faz isso para cada vegetal, um por vez.

Três
Em seguida, sua mãe pega um dos vegetais e pede a Oswin que diga seu nome. A criança fica animada ao descobrir que sabe a resposta.

179

O melhor **momento para aprender**

À medida que seu filho cresce, continue enriquecendo o vocabulário dele com a lição em três estágios. Introduza termos da geometria (triângulo equilátero, quadrado, cubo, pentágono), da botânica (planta, grama, árvore, folha, caule, galho, pétala, estame) ou das várias formações terrestres e aquáticas que compõem a superfície do nosso planeta (montanha, ilha, lago, oceano, rio, istmo). Quanto mais palavras as crianças conhecem, mais observam e tentam identificar o que está à sua volta.

Contar uma história

Peça ao seu filho para escolher uma imagem interessante em uma revista e recortá-la. Em seguida, peça-lhe para lhe contar algo sobre os personagens ou os animais que aparecem na imagem. Talvez seu filho mais velho queira inventar uma história. Anote o que ele diz, palavra por palavra, ou digite no computador e imprima o texto usando uma fonte grande. Se você imprimir apenas uma frase em cada página, com o texto na parte inferior, talvez seu filho queira colar a foto recortada e então acrescentar suas próprias ilustrações nas diferentes páginas. Use um papel bonito na impressão, faça furos com um furador de papel e encaderne passando um cordão pelos furos.

Ajude seu filho a assinar seu nome no trabalho quando tiver terminado. Se ele ainda não souber escrever, encoraje-o a criar uma marca, ou a desenhar um rosto sorridente, ou, ainda, a escrever uma letra. Logo a criança começará a perceber a conexão entre as marcas escritas no papel e a palavra falada.

Perguntas e sentimentos

Quando seu filho estiver pronto para falar, esteja pronto para ouvir. Em outras ocasiões, motive-o, por exemplo, perguntando o que ele acha que acontecerá a seguir em uma história. "Como o bebê urso sabia que alguém tinha se sentado em sua cadeira?" "A cadeira estava quebrada e alguém muito grande deve ter sentado nela." Para fazer a conversa fluir, evite perguntas fechadas que possam ser respondidas com um simples "sim" ou "não". Perguntas abertas ajudam seu filho a desenvolver sua capacidade de organizar e comunicar seus pensamentos em voz alta. "O que você veria se fosse um pássaro voando bem alto no céu, por cima da nossa casa?" "O que poderia acontecer se ...?"

Incentive seu filho a falar sobre seus sentimentos. Prepare um conjunto de fotos recortadas de revistas que retratem pessoas expressando diferentes emoções – feliz, triste, irritada, assustada, alegre. Pergunte-lhe quais emoções são mostradas nas fotos e peça-lhe que fale sobre seus próprios sentimentos. "O que acontece quando você se sente assustado?" Você também pode usar fantoches de luva para contar uma história representativa de uma série de emoções. Em seguida, convide-o a fazer com que seus fantoches falem. Em geral, as crianças acham mais fácil expressar seus sentimentos dessa maneira.

> "Perguntas abertas ajudam a desenvolver a habilidade de seu filho para organizar e comunicar seus pensamentos em voz alta."

As bases do **aprendizado**

Hora da história
Fale para seu filho escolher uma foto. Em seguida, peça-lhe que conte uma história sobre a foto. Isso ajuda a desenvolver seu vocabulário e as habilidades de contar histórias.

O melhor **momento para aprender**

O caminho da escrita até a leitura

O processo de aprender a ler pode ser tão simples como o processo de aprender a falar.

Nas escolas montessorianas, usamos uma abordagem fonética prática que ajuda as crianças pequenas a entender claramente de que maneira as palavras escritas codificam os sons falados do nosso idioma por meio das letras simbólicas do alfabeto. As crianças aprendem os sons de cada letra e a letra representada por cada som – uma letra por vez, até dominarem todo o alfabeto. Com alguns equipamentos básicos, será possível usar a mesma abordagem em casa.

APRESENTAR AS LETRAS

Apresente ao seu filho algumas letras por vez, nestes grupos:

primeiro conjunto	a e i o u
segundo conjunto	b c d f
terceiro conjunto	g h j k
quarto conjunto	l m n p
quinto conjunto	q r s t
sexto conjunto	v w x y z

Letras de lixa

Esses dispositivos são uma forma tátil e também visual de ajudar as crianças a aprender o alfabeto. Letras de lixa consistem em um conjunto de 26 retângulos confeccionados com MDF pintado. Sobre cada retângulo, uma letra minúscula, recortada de uma lixa fina, é colada contra um fundo liso e colorido. As consoantes são coladas contra fundos cor-de-rosa ou vermelho, e as vogais, contra fundos azuis para ajudar as crianças a distinguir entre vogais e consoantes. As letras de lixa são encontradas no comércio especializado, mas você também pode confeccionar as suas (ver quadro na página oposta).

Tão logo seu filho demonstre interesse, geralmente por volta dos 3 anos, apresente à criança algumas letras por vez (ver quadro à esquerda). Mostre-lhe como traça cada letra, como se fosse escrevê-la, usando os dedos médio e indicador da mão que a criança normalmente usa para segurar as coisas. Durante a demonstração, pronuncie o som que a letra representa em uma palavra fonética de três letras, como "cor". A letra "c", por exemplo, representa o som "ku".

O caminho da escrita **até a leitura**

COMO FAZER LETRAS DE LIXA

Use uma chapa de MDF ou papel-cartão resistente para preparar 26 retângulos de 20 cm de altura por 15 cm de largura. Talvez haja necessidade de aumentar o retângulo para algumas letras, como o "w". Com esmalte em *spray* não tóxico azul, pinte os retângulos que receberão as vogais – a, e, i, o, u – e rosa ou vermelho para os retângulos das consoantes – b, c, d, f, g, h, j, k, l, m, n, p, q, r, s, t, v, w, x, y, z. Em seguida, recorte as letras de lixa fina. Nós preparamos arquivos contendo as letras em um bom tamanho; você poderá baixá-los de nosso site (existe um arquivo para letras minúsculas em http://www.montessori.org/wp-content/uploads/2020/07/alphabet_low.pdf e outro para letras maiúsculas em http://www.montessori.org/wp-content/uploads/2020/07/alphabet_caps.pdf). Imprima-os e, em seguida, use um estilete para recortar cada uma das letras; com isso, você obterá um estêncil que servirá para cortar suas 26 letras de lixa. Cole cada letra sobre um retângulo, com a face áspera voltada para cima, e o conjunto estará pronto para o uso. O próximo passo consiste em mostrar ao seu filho como traçar as letras de lixa com o dedo. Certifique-se de deixá-lo definir seu próprio ritmo.

Sente-se ao lado do seu filho com três letras de lixa sobre um pequeno tapete. Usaremos a letra "g", pronunciada "gu"; a letra "a", pronunciada "aa"; a letra "t", pronunciada "tu" e a letra "o", pronunciada "oo". Ao traçar a letra "g", diga: "Isto é 'gu'. Você consegue dizer 'gu'?" A maioria das crianças repetirá o som depois de ouvi-lo pronunciar. Agora, convide seu filho a passar o dedo sobre a letra e a pronunciar seu som. À medida que for traçar a forma da letra com o dedo, receberá três impressões distintas: a forma da letra, a sensação de sua forma e de que modo ela é escrita e a maneira como você pronuncia seu som. Pense em palavras que comecem com este som: "Gu, gato, gola, gorro..." Este é o primeiro estágio de uma lição em três estágios (ver p. 178-179).

Agora, apresente à criança a segunda letra, usando o mesmo processo. Prossiga para a segunda etapa da lição. "Você consegue me mostrar o 'gu'? Você consegue me mostrar o 'tu'?" Se seu filho cometer um erro, apresente novamente o primeiro estágio e depois volte a tentar o segundo estágio. "Você consegue me mostrar o 'tu'? Você consegue me mostrar o 'gu'?" Agora, use os dois primeiros estágios para apresentar a terceira e a quarta letras, "aa" e "oo". No terceiro estágio da lição, exiba as formas das letras "g", "a", "t" e "o" ao seu filho. Ele deve

183

O melhor **momento para aprender**

pronunciar cada uma delas por vez, "gu", "aa", "tu", "oo": "gato". A criança acabou de ler sua primeira palavra. Gradualmente, introduza mais letras – talvez mais duas por semana –, até que seu filho tenha dominado todo o alfabeto. Lembre-se de acompanhar a criança. Se ela se aborrecer, interrompa a lição – seu objetivo é incutir o amor pela aprendizagem e um genuíno interesse pela leitura e pela composição de palavras, e não fazer do seu filho um leitor precoce a qualquer custo.

Muitos pais acham curioso que, nas escolas montessorianas, não se ensine às crianças o nome das letras, mas os sons com que pronunciamos foneticamente as palavras, uma letra por vez. Durante muito tempo, as crianças talvez não saibam o nome das letras, mas as chamarão pelos sons que elas fazem: "bu", "ku", "aa" e assim por diante. Isso elimina uma das etapas mais desnecessárias e confusas pela qual a maioria das crianças tem que passar quando aprendem a ler: "M é de maçã. O som que faz é 'mm'".

Não é raro observar que crianças pequenas que estão aprendendo a ler dessa maneira se tornarão capazes de compor palavras simples usando letras alfabéticas preparadas algumas semanas ou mesmo meses antes de poderem lê-las tranquilamente. Esse é um subproduto da cuidadosamente planejada introdução à linguagem do método montessoriano. Em vez de aprender palavras visualmente, as crianças soletram palavras fonéticas um som por vez, um método mais fácil do que o processo de "decodificar" palavras impressas em seus sons componentes.

Desenhar letras em areia fina

Um bom adendo às letras de lixa consiste em convidar seu filho a desenhar as letras que ele está aprendendo em areia fina colocada em uma bandeja suficientemente profunda para minimizar possíveis derramamentos acidentais. Depois de desenhar uma letra de lixa no papel, peça à criança que a desenhe também na areia. Fazer isso reforça sua memória muscular do processo de formação da letra, além de ajudá-la em sua futura transição para a caligrafia.

Desenvolver o controle do lápis

Seu filho precisa desenvolver o controle de sua mão antes que possa começar a aprender a escrever. Muitas das atividades sensoriais abordadas em capítulos anteriores têm a vantagem extra de ajudar seu filho a desenvolver a coordenação mão-olho, tão importante para que ele aprenda a escrever. Dê a seu filho lápis de colorir de boa qualidade para traçar formas coloridas sobre papel (também de boa qualidade) como uma etapa para a escrita manual. Mostre à criança como sombrear cuidadosamente as formas com o uso de traços paralelos.

Letras na areia
Quando seu filho aprender a desenhar letras em papel, poderá tentar desenhá-las em uma bandeja de areia.

O caminho da escrita **até a leitura**

Quando seu filho estiver pronto para escrever, será proveitoso usar uma pequena lousa. Peça a seu filho que desenhe uma das letras de lixa com os dedos e, em seguida, que tente escrevê-la na lousa. Quando a criança conseguir traçar cada letra individualmente, desafie-a a começar a formar palavras simples.

Jogar com as letras

Esse jogo reforça o domínio das crianças sobre os sons das letras que estão aprendendo, além de ajudá-las a identificar o primeiro som em qualquer palavra. Para esse jogo, será preciso reunir objetos pequenos cujos nomes comecem com a mesma letra. Por exemplo, para a letra "p", você pode usar um pincel, um pato de borracha e um pião. Coloque duas ou três letras de lixa sobre uma esteira. Coloque os objetos escolhidos em uma cesta. Peça ao seu filho para escolher e nomear um dos objetos. Então, pergunte à criança: "Que som você ouve no início da palavra 'pato'?" Pronuncie cuidadosamente a palavra, um som por vez: "pu" "aa" "tu" "oo". "Pato começa com 'p'. Vamos colocar o pato abaixo do 'pu' aqui." O processo continuará até que seu filho tenha posicionado todos os objetos.

O alfabeto móvel

Quando seu filho começar a identificar várias letras e seus sons com a ajuda das letras de lixa, ele pode ser apresentado a um alfabeto móvel. Trata-se de uma caixa grande com compartimentos que contêm letras de plástico, organizadas de forma muito parecida com a caixa de tipos metálicos das impressoras antigas. Você pode comprar alfabetos móveis montessorianos (ver p. 186 e 204) ou usar, como substitutos, os diversos tipos de letras plásticas ou magnéticas para uso infantil. Seu filho pode compor palavras ao selecionar um pequeno objeto ou imagem e, em seguida, formar a palavra para o objeto em questão com as letras móveis. Tal como acontece com as letras de lixa, a criança deve pronunciar as

O CÉREBRO DE SEU FILHO

Um estudo comparativo entre crianças de escolas montessorianas e crianças de outras escolas dos EUA descobriu que os resultados dos testes acadêmicos de crianças de 5 anos que tinham completado o programa pré-escolar de três anos pelo método Montessori foram melhores do que os obtidos pelo grupo de controle. Aos 12 anos, os estudantes montessorianos escreveram histórias mais sofisticadas e criativas do que as crianças de outros programas.

Escrever com giz
Uma lousa e um grande pedaço de giz são bons instrumentos para praticar as formas das letras que seu filho aprendeu a traçar na areia.

185

O melhor **momento para aprender**

Alfabeto móvel
Uma grande caixa com 26 compartimentos armazena conjuntos de letras, que as crianças usam para soletrar palavras.

O caminho da escrita até a leitura

alavras uma letra por vez, selecionando a letra que epresenta o próximo som.

De longa data essa abordagem fonética vem sendo conhecida pelos educadores como a maneira mais ficaz de ensinar as crianças a ler e escrever.

À medida que seu filho começa a compor palavras, ases, orações e histórias, sua ortografia poderá ficar um ouco "criativa". Por exemplo, ele pode soletrar a palavra ne como "foni". Não se preocupe em corrigir sua tografia nesses primeiros dias – é muito mais produtivo centivá-lo a se tornar mais confiante em sua capacidade e emitir o som das palavras que se arriscar a fazer com e a criança perca o interesse por ter errado.

O processo de compor palavras com o alfabeto móvel ntinuará por muitos anos, passando gradualmente das lavras de três letras para palavras de quatro e cinco ras com encontros de consoantes ("fl", "tr", "ch"), ferentes letras com o mesmo som ("s", "z", "ss"), letras lenciosas" e assim por diante.

omeçar a ler

Normalmente, nota-se uma transição suave entre a e de ler e escrever palavras isoladas e a composição de ses e histórias. Para algumas crianças, isso acontecerá s 4 anos; para outras, aos 5 ou 6. Algumas lerão mais do; outras levarão um pouco mais de tempo. Tenha em ente que as crianças são diferentes umas das outras e e é inútil ficar preocupado se seu filho não se mostrar ansioso para aprender quanto seus colegas da mesma de.

Não importa quão pequeno, assim que seu filho onstrar o mais leve interesse, comece a ensiná-lo a Quando ele estiver pronto, irá associar tudo o que e e começará a ler e escrever por conta própria. Use computador para imprimir cartões com os nomes de etos familiares. Seu filho poderá usá-los para rotular os os tipos de objetos em sua casa.

O JOGO DO VERBO

Quando seu filho for capaz de ler palavras inteiras, experimente uma versão mais sofisticada do jogo do comando. Faça um conjunto de cartões; cada um deles deve ter impresso um comando com apenas uma palavra (um verbo).
Seu filho deve escolher e ler um cartão. Em seguida, ele pedirá a você que segure o cartão no alto enquanto executa o comando: pular, sorrir, bocejar, dormir, aplaudir, sentar-se, parar, acenar, comer, beber, dançar etc.
Quando a criança conseguir ler os cartões de comando com uma palavra, crie conjuntos de cartões mais avançados com o uso de orações completas: "Traga-me um ursinho de pelúcia" ou "Ande pela sala como se fosse um pato".

187

O melhor **momento para aprender**

Os primeiros passos na matemática

Ensine ao seu filho conceitos simples de matemática por meio de jogos e materiais de aprendizagem prática.

Aprender a contar por memorização mecânica é a atividade mais fácil de realizar em seu cotidiano. Você pode contar junto com seu filho em muitas situações: quando estiverem cozinhando juntos, conte quantas colheradas você precisa adicionar; quando estiver caminhando, conte os passos de um até dez e então comece de novo. Um jogo simples consiste em lançar (devagar) um saquinho contendo feijões ao seu filho, que o devolve a você, contando todas as vezes que o saquinho é jogado. Continue a contagem até onde seu filho possa acompanhar; em seguida, continue você mesmo contando se seu filho demonstrar incerteza.

O que os números significam

No início, entender o conceito de números pela contagem de objetos distintos é tarefa mais difícil. Embora as crianças pequenas possam aprender a "contar" por repetição mecânica, recitando a sequência de números de um até dez, a maioria delas não consegue compreender facilmente a diferença entre uma quantidade e outra ao olhar para mais de três ou quatro objetos. É quase como se pensassem: "Um, dois, três... muitos!"

Uma maneira de evitar isso é permitir que as crianças visualizem os conceitos de números e de quantidades por meio de uma série de barras segmentadas, em vez de tentar ensiná-las a contar conjuntos de objetos separados. Nas salas de aula montessorianas, usamos um conjunto de barras com comprimentos que variam de 10 em 10 cm. A barra mais curta tem 10 cm de comprimento e es pintada de vermelho. A segunda barra mede 20 cm de comprimento e está dividida em dois segmentos de 10 cm, um vermelho e o outro azul. Isso continua por toda as dez barras. Você pode comprar as barras numeradas montessorianas (ver p. 204), ou, melhor ainda, fazer as suas (ver quadro na p. 190).

Uma das percepções que as crianças começam a adquirir ao trabalhar com essas barras é a natureza da adição e o conceito de que dois números podem ser somados. Por exemplo, quando a criança coloca a barra de número "um" na extremidade da barra "dois", ela cri uma nova barra com o mesmo comprimento da barra "três", que está posicionada imediatamente acima. As crianças exploram relações desse tipo com todos os números, de um a dez.

188

m, dois, três...
muitos casos, a habilidade
damental de contar surge
ndo as crianças estão brincando.

O melhor **momento para aprender**

Compreensão dos números
Para introduzir as barras numéricas, mostre a seu filho como organizá-las em uma escada – da maior até a menor. Conte cada segmento colorido em conjunto.

FAZER BARRAS DE NÚMEROS

Para fazer seu próprio conjunto de barras de números, use um torno de madeira ou uma placa perfurada aproximadamente com as mesmas dimensões das réguas comuns (5 cm de largura por 1 cm de altura). Você (ou outra pessoa) deverá cortar dez comprimentos: 10 cm de comprimento, 20 cm, 30 cm, até 100 cm. Pinte todo o conjunto com tinta *spray* vermelha. Deixe secar. Em seguida, use fita adesiva para marcar cuidadosamente as partes que devem ser pintadas de azul. Por exemplo, a barra "um" é toda vermelha. A barra "dois" é vermelha nos primeiros 10 cm e, depois, azul nos 10 cm seguintes. A barra "três" é vermelha nos primeiros 10 cm, azul nos 10 cm seguintes e novamente vermelha nos últimos 10 cm. Esse método cria comprimentos alternados de seções vermelha, azul, vermelha. Continue até a barra "10", que deve ter 100 cm de comprimento e que ficará pintada em vermelho, azul, vermelho... até formar dez seções alternadas.

Os primeiros passos **na matemática**

Cestas de contagem

Essas cestas ajudam as crianças pequenas a dar o próximo passo para entender os conceitos de número e quantidade. Será preciso ter à mão um conjunto de dez pequenas cestas, cada uma com uma etiqueta presa que as numere (0, 1, 2, 3, até 9). Também será necessária uma cesta maior contendo 45 peças idênticas. Nas escolas montessorianas, utilizamos pinos de madeira com 1 cm de diâmetro e 15 cm de comprimento, mas em casa você pode usar grandes contas de madeira ou pegadores de roupa da mesma cor. Mostre ao seu filho como contar o número correto de peças que devem ser colocadas em cada cesta: um, dois, três... até nove. Naturalmente, a cesta etiquetada como "0" não terá peças, e isso vai ensinar ao seu filho, desde cedo, o conceito de que zero significa nada (um conjunto vazio). Se seu filho contar corretamente, não sobrarão peças quando a última cesta com a etiqueta "9" tiver sido preenchida.

Somas simples

Há todo tipo de coisas que você pode fazer com seu filho em casa para ajudá-lo a praticar suas habilidades. Tente usar bonecas para ilustrar somas simples. "Quando mamãe e papai se casaram, nós éramos dois. Daí, nasceu o bebê. Quantos somos agora?" Você pode fazer o mesmo com cubos de frutas, ou qualquer outra coisa que esteja à mão.

NA PRÁTICA — A matemática em ação

Contar quase tudo o que ocorre no seu cotidiano ajuda seu filho a entender a quantidade que cada número representa. Somas e subtrações se seguirão naturalmente.

cesta
Quanto Max lança sacos de feijão numa cesta, fala o número certos no alvo.

Contagem de batatas
Holly pratica contagem e se certifica de que cada membro na família receberá uma batata no jantar.

Matemática inicial
Oswin conta as laranjas em uma tigela. Sua mãe remove duas laranjas e pergunta: "Quantas ficaram agora?".

191

O melhor **momento para aprender**

Experiências científicas em casa

Sua casa é o lugar ideal para experiências científicas que ajudam seu filho a descobrir como o mundo funciona.

Magnetismo mágico
Investigar as propriedades magnéticas de diferentes objetos é uma atividade intrigante para todas as crianças pequenas.

São tantas as atividades científicas que você pode fazer com seu filho que seria possível escrever um livro inteiro com elas. Muitas das atividades que já sugeri nest[e] e em capítulos anteriores estão relacionadas à ciência: exercícios de percepção sensorial, caminhadas na natureza, trabalho em conjunto no jardim e muitas outra[s] atividades. Aqui estão apenas mais algumas ideias que podem servir de ponto de partida para seu jovem cientis[ta].

Magnético ou não magnético

Coloque alguns objetos pequenos em uma cesta, certificando-se de que alguns deles sejam feitos com material ferroso e que possam ser atraídos por um ímã. Prepare dois cartões: em um deles escreva "Magnético" e no outro, "Não magnético". Peça ao seu filho que use um ímã para ver quais objetos ele atrairá e quais não serão atraídos. Em seguida, a criança deve colocar os objetos ao lado do cartão correto.

Experiências científicas **em casa**

Vivo ou não vivo

Encha uma cesta com brinquedos e pequenos objetos adquiridos em lojas de R$ 1,99 que representem coisas vivas (orgânicas) e não vivas (inorgânicas). Prepare cartões rotulados como "Vivo" e "Não vivo". Para os objetos que representam seres vivos, você pode escolher aves, animais da floresta, insetos, uma árvore e pessoas, todos de brinquedo. Para os objetos não vivos, você pode escolher objetos como um ímã, um dedal, um carro e uma casinha de brinquedo e um pequeno espelho. Peça que seu filho coloque as coisas que no mundo real seriam vivas ou não vivas ao lado do cartão correto.

Afundar ou flutuar

Reúna um conjunto de objetos, alguns dos quais você tem certeza que flutuarão na água e outros que afundarão. Peça a seu filho que preveja quais objetos afundarão e quais flutuarão. Coloque uma bacia contendo água sobre uma bandeja e vá colocando os objetos na água, para que a criança veja se acertou.

Germinar sementes

Para esse experimento, você precisará de feijão-manteiga seco, toalhas de papel e um pulverizador de plantas. Ensine seu filho a pegar uma semente de feijão-manteiga, colocá-la sobre uma toalha de papel e embrulhá-la cuidadosamente. Em seguida, seu filho deve pulverizar a semente e a toalha de papel com água. Você deve lembrar seu filho de pulverizar a toalha de papel todos os dias, para que a semente permaneça úmida. Verifique se há sinais de

Jogos e diversão flutuantes
Seu filho adorará testar as próprias teorias para verificar se os objetos flutuam ou afundam em uma bacia de água.

193

O melhor momento para aprender

que o feijão começou a brotar. Quando isso acontecer, mostre ao seu filho como transplantá-lo para um vaso pequeno com terra adubada. Lembre a criança de regá-lo periodicamente para manter a umidade.

Uma cesta com grama viva

Pegue uma cesta pequena e cubra seu fundo com uma película de plástico. Ajude seu filho a adicionar 2 cm de pequenos seixos e, em seguida, 5 cm de terra adubada. Mostre à criança como espargir as sementes de grama sobre a terra adubada e como pressioná-las suavemente. Coloque a cesta em uma mesa ao lado de uma janela e lembre seu filho de usar o pulverizador de plantas várias vezes ao dia para manter as sementes umedecidas. Em cerca de duas semanas, ele verá que as sementes de grama começaram a germinar.

Cultivar uma meia

No outono, carrapichos e outras sementes aderem às nossas meias e calças quando caminhamos na floresta ou no meio do capim alto. Peça ao seu filho que calce um par de meias longas sobre as pernas das calças. Saia para caminhar por áreas onde você tenha certeza da existência dessas sementes "caronas". Ao chegar em casa, coloque as meias dentro de uma bacia, em um lugar onde possam receber muito sol. Embeba as meias na água, deixando uma ponta imersa para que o tecido continue a absorver mais umidade (como se fosse um pavio). Depois de uma ou duas semanas, as sementes começarão a germinar e seu filho terá cultivado uma "meia viva".

Explorar raízes

Desenterre cuidadosamente uma planta com as raízes intactas. Coloque a planta sobre jornal e retire, também cuidadosamente, a terra para que as raízes fiquem expostas. Explique ao seu filho que todas as plantas usam suas raízes para absorver água e nutrientes do solo. Retorne a terra à raiz e recoloque-a no solo.

Fazer barcos
Use cascas de nozes, cartão fino, palitos de dentes e argila para fazer barcos que podem navegar por um lago feito em casa.

Barcos de cascas de nozes

As crianças adoram brincar na água. Use uma bandeja funda cheia de água como um pequeno lago no qual seus filhos podem fazer navegar barquinhos feitos de cascas de nozes. Para fazer os barcos, abra algumas nozes ao longo das extremidades, tomando o cuidado de não danificar as metades da casca. Então, mostre a seus filhos como fazer uma vela com uma pedaço de papel cartão fino formando um quadrado ou um triângulo. Eles podem usar palitos de dente como mastro e montar a vela espetando o palito através do papel cartão nos pontos corretos, para que o barco possa ser impulsionado pela brisa. Coloque argila

Experiências científicas **em casa**

do da casca e espete o mastro. Assim ele ficará de pé. us filhos agora estão prontos para lançar seus barcos e oprar levemente, criando uma brisa.

oprar o ar

As crianças pequenas acham graça nas bolhas que nseguem fazer ao submergir um recipiente cheio de ar e então soltar o ar, inclinando levemente o recipiente para cima. Isso funciona melhor em um recipiente fundo, como um balde, e ainda melhor quando os lados do recipiente são de vidro, como um aquário, para que todos possam ver as bolhas subindo à superfície. Seus filhos também podem se divertir soltando bolhas debaixo da água com canudos, especialmente durante o banho.

195

O melhor **momento para aprender**

Desenvolvimento de funções executivas

Uma vida familiar afetuosa e um ambiente rico em atividades são tudo de que uma criança precisa para devenvolver processos cerebrais de nível mais alto.

Essencialmente, as funções cerebrais executivas nos permitem planejar, organizar e completar tarefas. Maria Montessori não teria reconhecido esse termo, embora a maioria das atividades criadas por ela seja propícia a esses processos cerebrais de nível mais alto. Já aos 7 meses os bebês começam a exercitar essas capacidades cognitivas com brincadeiras simples, do tipo "Cadê... Achou!" ou esconder um brinquedo sob a coberta. O bebê usa a memória operacional ao procurar os esconderijos e exercita o controle inibitório enquanto espera que alguém ou alguma coisa reapareça. Tanto a memória de trabalho como o controle de impulsos estão ativos quando a criança se agita animadamente ao ouvir uma canção do tipo *Capelinha de melão*, que se dirige a um clímax previsível.

Até se tornarem pré-escolares, jogos de combinar e classificar, jogos de memória e quebra-cabeças são ótimos exercícios para a memória visual operacional. As crianças se tornam mais flexíveis em seus modos de pensar e podem prestar atenção às diferentes exigências em jogos como "Siga o líder" e "Simão diz". Os jogos imaginários aperfeiçoam as habilidades de planejamento e autorregulação, especialmente se as crianças forem solicitadas a organizar o ambiente e a decidir quem fará o papel de mamãe, papai ou médico antes de começar. Quando você cozinha com seus filhos, eles desenvolvem a capacidade de aguardar instruções, manter as tarefas na memória operacional e prestar muita atenção à medição e pesagem dos ingredientes.

A partir dos 4 ou 5 anos, a introdução de jogos de tabuleiro, em que as crianças devem esperar a sua vez, seg

O CÉREBRO DE SEU FILHO

As funções executivas do cérebro começam a se desenvolver na infância. Com o tempo, as crianças se tornam capazes de concentrar sua atenção, controlar seus impulsos (controle inibitório) e usar a memória operacional – a capacidade de reter e manipular informações de curto prazo no cérebro. O trabalho conjunto das funções executivas sustenta o aprendizado e possibilita o planejamento e a resolução de problemas.

Metade para cada um
A resolução de problemas pode ser tarefa simples, por exemplo, achar uma maneira de repartir o bolo do lanche.

gras e, mais tarde, criar estratégias, põe em ação um trio e funções executivas – memória operacional, flexibilidade e utocontrole. Livros de quebra-cabeças e de desafios de ciocínio exercitam a atenção e as habilidades de resolução e problemas. "Espião" (um jogo de adivinhação de nomes) "Vinte perguntas" são ótimos jogos de lógica e raciocínio.

esolução de problemas

À medida que as crianças crescem, os pais podem dá-las a desenvolver sua capacidade de resolução de oblemas se apresentarem a elas pequenas tarefas que as centivem a levar em conta situações, planejar e criar soluções.

Encontrar uma solução para um problema envolve uma rie de etapas distintas: identificar o problema; examinar os ores que compõem o problema; usar o que conhecemos, ssas habilidades e o que temos à disposição para elaborar na solução; e, depois, decidir se funcionou. Os adultos têm na série de estratégias e planos baseados em experiências anteriores que aceleram nossa capacidade de resolver problemas. As crianças também desenvolvem estratégias ao longo do tempo, mas, nos seus primeiros anos, suas vidas são muito ricas em novidades, o que torna o planejamento e a busca de soluções especialmente gratificantes. Experimente a seguinte estratégia com seu filho.

- Antes de um feriado ou viagem, dê à criança uma maleta e peça a ela para planejar o que precisa. Deixe-a arrumar sua mala (com escova de dentes, pijamas e brinquedos de pelúcia, por exemplo).
- Em uma reunião familiar (ver p. 117), peça que seu filho considere determinado problema e lhe ofereça conselhos.
- Antes de uma encenação ou de um teatrinho de fantoches, peça às crianças que organizem os adereços e que planejem quem irá fazer o quê.
- Convide seu filho a resolver um dilema do cotidiano: "Nosso bebê detesta ficar no carrinho do supermercado. Como podemos fazer com que nosso bebê se divirta no carrinho?".

197

O melhor **momento para aprender**

O método Montessori é adequado para seu filho?

Se você gostou de usar as ideias deste livro, talvez queira considerar uma escola montessoriana para dar continuidade à educação do seu filho.

Um dos pontos fortes do método Montessori é uma atmosfera de cooperação e respeito, na qual crianças diferentes descobrem a alegria de aprender. Geralmente, o método é "adequado" para um amplo espectro de personalidades, temperamentos e estilos de aprendizagem. Ele funciona para famílias com uma variedade de expectativas de aprendizagem e, na maioria dos casos, pais e professores trabalham juntos em casa e na escola com o objetivo de ajudar as crianças a aprender e a se desenvolve

O programa foi cuidadosamente estruturado com a finalidade de proporcionar ótimas oportunidades de aprendizagem para as crianças. No entanto, pais particularmente preocupados com um alto desempenho acadêmico podem ter dificuldade em entender e apoiar abordagem Montessori, porque ela representa uma maneira alternativa em relação ao pensamento mais convencional vigente na maioria das escolas. Acreditamo

Dança da alegria
As escolas montessorianas tornam a aprendizagem uma experiência divertida, alegre e emocionante em um ambiente organizado e acolhedor.

O método Montessori é **adequado para seu filho?**

que as crianças nascem inteligentes, curiosas e criativas, e que muitas vezes as escolas (e alguns pais) tornam o processo de aprendizagem estressante, em vez de natural. Famílias geralmente caóticas e desorganizadas (que se atrasam de manhã, pegam as crianças na escola em horários variados e têm dificuldades em comparecer às reuniões e em trabalhar em íntima colaboração com a escola) podem considerar a experiência Montessori frustrante, embora frequentemente as crianças oriundas de tais famílias considerem sua estrutura muito reconfortante.

Escolher uma escola

Embora a maioria das escolas tente permanecer fiel à sua compreensão das ideias e das pesquisas de Maria Montessori, todas, sem exceção, foram influenciadas pela evolução de nossa cultura e tecnologia ao longo dos cem anos que transcorreram desde a fundação das primeiras escolas montessorianas. Além disso, embora o nome Montessori se refira a um método e a uma filosofia, não está protegido por direitos autorais nem por um programa central de licenciamento ou franquia. Isso significa que, em muitas partes do mundo, qualquer um poderia, em teoria, abrir uma escola e chamá-la de montessoriana, mesmo sem o menor conhecimento de como um programa autêntico é executado.

Quando isso acontece, é algo que perturba e envergonha todos nós que conhecemos a diferença. Muitas dessas escolas fracassam – infelizmente, não antes de prejudicar a imagem pública de Montessori como um todo.

Um sinal do compromisso da escola com a excelência é sua adesão a uma das organizações montessorianas profissionais (ver p. 204), as quais oferecem às escolas a oportunidade de credenciamento. Existem muitas outras organizações Montessori menores também, mas não há nenhuma exigência de que uma escola montessoriana seja afiliada ou credenciada por qualquer organização externa. Muitas escolas montessorianas optam por permanecer independentes.

Isoladamente, nenhuma abordagem educacional será adequada para a educação de todas as crianças. Idealmente, os pais devem se esforçar para obter o melhor ajuste, não só entre seu filho e uma escola específica, mas também entre seus próprios valores e metas familiares em relação à educação de seus filhos e o que essas escolas realisticamente oferecem. Achar a escola certa para os pais é tão importante quanto achar a escola certa para a criança. É fundamental que se forme uma parceria entre ambos os lados, com base no senso mútuo de que cada um é uma boa combinação para o outro.

O ESTILO MONTESSORI

Os pais que se sentem à vontade com o método Montessori tendem a concordar com as seguintes ideias básicas acerca da aprendizagem das crianças.

• A inteligência não é uma coisa rara entre os seres humanos. É encontrada nas crianças desde o nascimento. Com a estimulação correta, o desenvolvimento de habilidades de raciocínio e de resolução de problemas pode ser incentivado nas crianças pequenas.

• Os anos mais importantes da educação de uma criança são os seus primeiros seis anos de vida.

• As crianças devem ser encorajadas a desenvolver independência e autonomia em alto grau.

• Competição acadêmica e responsabilização não são formas eficazes de motivar os alunos a se tornarem indivíduos bem-educados. Seu aprendizado se torna mais eficaz quando a escola é vista como uma experiência segura, excitante e alegre.

• Existe uma ligação direta entre o senso de autoestima, empoderamento e autodomínio das crianças e sua capacidade de aprender e reter novas habilidades e informações.

• As crianças aprendem mais eficientemente por meio da experiência prática, da aplicação no mundo real e da resolução de problemas, e não com a repetição mecânica e a realização de testes.

O melhor **momento para aprender**

O que procurar

Para determinar qual escola oferece a melhor combinação para todas as partes envolvidas, você precisa confiar em seus olhos, ouvidos e instintos. Nada supera sua própria observação e experiência. Por mais tentador que seja matricular seu filho em uma escola sem visitar a sala de aula, posicione essa visita no topo da sua lista de "coisas a fazer". Você vai aprender muito se passar de trinta minutos a uma hora assistindo às crianças trabalhar. Peça permissão para assistir primeiramente a um "período de trabalho". Se tiver tempo, fique para uma reunião em grupo ou volte outro dia para assistir a essa parte do dia das crianças. Os pontos a seguir serão de grande ajuda para que você saiba o que procurar.

- Você não deve encontrar fileiras de carteiras em uma sala de aula montessoriana. Não haverá uma mesa do professor, nem uma lousa na parede da sala. O ambiente será configurado de tal modo a facilitar a conversação entre as crianças e o trabalho em grupo. O mobiliário na sala de aula será do tamanho certo para os alunos.
- As salas de aula devem ser iluminadas, aconchegantes e convidativas, cheias de plantas, animais, obras de arte,

Apreciação dos livros
Os livros são absolutamente essenciais em todas as escolas montessorianas. As crianças progridem desde histórias ilustradas até aprender a ler em seu próprio ritmo, quando estiverem prontas

música e livros. Os centros de interesse devem estar repletos de intrigantes materiais de aprendizagem, modelos matemáticos, mapas, gráficos, artefatos históricos e de outras nações, uma biblioteca da sala, uma área de arte, um pequeno museu natural de ciência e animais que as crianças estejam criando. Em uma sala do ensino fundamental, você também encontrará computadores e aparelhos científicos.

- As salas de aula serão organizadas em várias áreas curriculares, geralmente com a inclusão de: artes da linguagem (leitura, literatura, gramática, redação criativa, ortografia e caligrafia); matemática e geometria; habilidades da vida diária; exercícios e quebra-cabeças de percepção sensorial; geografia, história, ciência, arte, música e movimento. Cada área terá uma ou mais prateleiras, armários e mesas de exibição com uma grande variedade de materiais em exibição aberta e prontos para uso por escolha das crianças.

O CÉREBRO DE SEU FILHO

Pesquisas neurocientíficas confirmam que os primeiros seis anos da criança "durarão por toda a vida". A criança chega ao mundo preparada para aprender, e a melhor aprendizagem acontece em relacionamentos solidários e favoráveis, em ambientes ricos em oportunidades de linguagem e com as crianças engajadas e ativas ao longo de seu desenvolvimento.

O método Montessori é adequado para seu filho?

Manipulação habilidosa
A prática das habilidades cotidianas, como saber usar a colher, ajuda as crianças a desenvolver a coordenação mão-olho e promove competência e independência.

Boas maneiras
Educação e cortesia fazem parte do currículo.
As crianças educadas pelo método Montessori são conhecidas e respeitadas pelo seu comportamento educado e gentil.

Cada classe deve conter o conjunto completo dos materiais montessorianos apropriados para aquele nível. Serão poucos os brinquedos (se houver) em uma sala de aula pré-escolar montessoriana. Em vez disso, a sala contará com uma grande coleção de materiais de aprendizagem que combinam as capacidades de desenvolvimento, interesses e necessidades das crianças matriculadas em cada turma. Esses materiais permitem números métodos de aprendizagem e descoberta e oferecem uma ampla gama de desafios intelectuais.

Cada turma deve ser liderada por um professor com certificação Montessori, com uma credencial Montessori reconhecida para a faixa etária objeto do ensino. Em geral, cada turma deve ter um segundo professor Montessori certificado ou um assistente com treinamento. Você pode esperar encontrar professores que trabalhem com uma ou duas crianças por vez, apresentando uma nova lição, aconselhando ou apenas observando silenciosamente a turma durante os trabalhos.

- O programa montessoriano é composto de crianças em faixas etárias mistas em cada sala de aula, tradicionalmente abrangendo um período de três anos da primeira infância em diante. Idealmente, uma turma montessoriana é equilibrada na distribuição de meninos e meninas, bem como no número de crianças em cada faixa etária. As turmas devem ser formadas por 25-30 crianças, embora esses números sejam menores nos níveis para bebês e crianças pequenas.
- Em geral, você encontrará os alunos espalhados pela sala de aula, trabalhando sozinhos ou com mais um ou dois colegas.
- Deve ficar claro que as crianças se sentem satisfeitas, confortáveis e seguras.

Se, ao visitar uma escola, você se encantar com sua aparência e sensação, e se, além disso, puder imaginar claramente seu filho feliz e bem-sucedido nessa atmosfera, então provavelmente essa escola será adequada para ele.

201

Encontre uma atividade

Encontre uma atividade

Este guia rápido fornece as idades iniciais aproximadas para ideias e atividades. Siga sempre o desenvolvimento e os interesses individuais do seu filho.

Exercícios sensoriais para o bebê (a partir do nascimento)

Cesta de tesouros (a partir de 6 meses)

Caminhadas na floresta (a partir de 12 meses)

A partir do nascimento

Massagem no bebê p. 26
Planejar o primeiro quarto p. 36
Exercícios sensoriais para o bebê
    p. 54-57
Caixa da memória p. 170

A partir dos 6 meses

Cesta de tesouros p. 58
Ler em voz alta p. 174
Manter a conversa p. 175
Esconde-esconde do bebê p. 196
Esconder um brinquedo p. 196
Rimas de ação p. 196

A partir dos 12 meses

Planejar o quarto da criança pequena
    p. 38
Caminhar na floresta p. 154
Maneiras de introduzir novo
    vocabulário p. 176

A partir dos 18 meses

Empilhar blocos p. 64
Brincar com feijões-manteiga p. 69
Ouvir música p. 71
Treinamento para o banheiro p. 93
Vestir-se p. 96
Explorar ao ar livre p. 146

A partir dos 2 anos

Classificar objetos p. 64
Empilhar formas p. 66
Quebra-cabeças simples p. 66
Jogo do silêncio p. 70
Aromas de ervas p. 74
Arrumar os objetos p. 84
Habilidades no banheiro p. 88
Abotoar p. 96
Vestir o casaco p. 98
Explorar a natureza p. 147-8
Jardinagem p. 150

Encontre uma atividade

uidados com os animais de
    estimação p. 153
elebração de aniversário p. 168
omes dos objetos p. 177
alavras descritivas p. 177
ogo de comando p. 177

A partir dos 3 anos
locos cilíndricos p. 23
lassificar objetos p. 64
orre cor-de-rosa p. 65
ombinar amostras de tinta p. 66
ogo de memória p. 67
ombinar sons de sinos p. 69
ilindros sonoros p. 70
ombinar texturas p. 72
etângulos de papel de lixa p. 72
ombinar tecidos p. 72
aco misterioso p. 73
arrafinhas de cheirar p. 74
omas de ervas p. 74
arrafinhas de provar p. 75
rumar a mesa de refeições p. 82
rrer p. 101
graxar sapatos p. 103
spejar líquidos p. 104
eparar um lanche p. 107
niões familiares p. 117
ercícios de educação e cortesia
    p. 135
er um museu natural p. 158

Enriquecer o vocabulário p. 179
Lição em três estágios p. 179
Contar p. 188
Germinar sementes p. 193
Cultivar uma meia p. 194
Afundar ou flutuar p. 193
Soprar o ar p. 195
Resolução de problemas p. 197

A partir dos 4 anos
Dar laços p. 96
Mesa da paz p. 136
Aparelhos digitais p. 142
Jogos da natureza para festas p. 160
Explorar uma nova cultura p. 164
Contar histórias p. 181
Perguntas e sentimentos p. 181
Letras de lixa p. 182
Desenhar letras na areia p. 184
Escrever na lousa p. 185
Letras e objetos p. 185
Alfabeto móvel p. 185
Jogo dos verbos p. 187
Barras de números p. 190
Cestas de contagem p. 191
Somas simples p. 191
Brincar com ímãs p. 192
Objetos vivos e não vivos
    p. 193
Construir barcos p. 194
Explorar raízes p. 194

Vestir-se (a partir de 18 meses)

Jogo do silêncio (a partir de 2 anos)

Fazer um museu natural (a partir de 3 anos)

Lousa (a partir de 4 anos)

Índice remissivo

a

abotoar 23, 96
acalmar recém-nascidos e bebês 26
afundar e flutuar 193
água, brincar com 89, 92, 103, 193
alfabeto
    aprender o 23, 182-87
    móvel 23, 183-85
alimentos e refeições
    ajudar com 82
    boas maneiras à mesa 135
    estudos culturais 164
    exploração dos sabores 57, 75
    habilidades na hora das refeições 104-05
    lanches 42, 106-07
    observar seu filho 49
    recém-nascidos e bebês 28
    resolver ataques de birra 120
    vegetais 150
amamentação 28
ambiente externo 149-51
    escolas 20-22, 200
    período sensível 16, 84
ambiente ordenado 12, 13, 84-87
    regras básicas 124-27
    sala da família 40-41
amor, respeito e respeito próprio 110-13, 132-35, 149, 153
andar de bicicleta 83
animais de estimação 153
anos, contar os 168-71
aparelhos digitais 142
aplicativos 142
aprender a aprender 53, 103, 146-47
aprender com os erros 80, 87
    lições em três estágios 178-79, 183-84
        ver também tópicos específicos (p. ex., matemática)
    parentais, demonstrações 80-83, 100-03, 132-35
    período sensível 174
ar, soprar 195
armazenamento
    brinquedos 39, 40-41, 43-45, 84-85
    cozinhas 40-41
    materiais para arte e artesanato 45-47
    quartos de dormir 38-39, 43-45, 94

rótulos fotográficos 84
    saguões 42, 99
arrumar a mesa 82
artes e artesanato 43, 45-47, 153
artesanato e artes 42, 45-47, 153
ataques de birra 118-21
atenção 196
atividades *ver* jogos e atividades
audição *ver* sons e audição
autodisciplina e disciplina 112, 124-27

b

banheiro
    e habilidades 35, 42, 88-93
    treinamento do 16, 92-93
barcos de casca 194-95
barras numéricas 188-90
bebês *ver* recém-nascidos e bebês
bicicleta, andar de 83
birra, ataques de 118-121
boas maneiras *ver* educação e cortesia
bolhas 195
botões
    classificar 64, 177
    fechar (p. ex., um saco) 23, 96
brincar *ver* jogos e atividades; brinquedos
brincar, áreas de
    definição de 13, 20-21, 40-41, 84-87
    quartos de dormir 39, 43-45
brinquedos 37-39, 49, 84, 86, 87, 125
    armazenamento 39, 40-41, 43-45, 84-85

c

cadeia alimentar, jogo da 160-63
caixas da memória 170, 171
caminhadas 147-49, 154-57
capacidade de concentração 143
carpetes *ver* tapetes
carregar coisas 86, 135
casa, ajudar na 100-107 *ver também*
    habilidades práticas do dia a dia
casacos e cabideiro para casacos 43, 45, 98-99
casas amigáveis para a criança 34-35
    ver também cômodos específicos (p. ex., sala da família)
cérebro e sistema nervoso, desenvolvimento do 18-19, 26, 53, 92, 93, 196-97

cestos
    contagem de 191
    de grama 194
    plantar grama 194
    tesouro 58-61
choro 110-11
ciência e descoberta 146-49, 192-95 *ver também* natureza
cilindros, som dos 70
classificar objetos 67, 192-93
colegas de brincadeiras 134
colher, uso da, em alimentos 105
combinar, jogos de 64, 66-67, 69-70, 72
comemorações
    aniversários 168-71
    feriados 167
comer *ver* alimentos e refeições
comportamento
    de desafio 131
    modelos parentais 79, 124, 128, 134
    observar o 48-49, 111
    recém-nascidos e bebês 110-11
    ver também aspectos específicos (p. ex. respeito)
comunicação
    ataques de birra 119
    chorar 110-11
    conversar com as crianças 175-77, 180
    mesa de paz 136-39
conflitos e lutas pelo poder
    ataques de birra 118-21
    estratégias para o "não" 121, 127
    hora de dormir 122
    mesa de paz 136-39
    televisão 140-41
consistência 122
contar e jogos de contar 188-91
contar os anos 168-71
controle dos impulsos 196
controle inibitório 196
conversar *ver* comunicação
coordenação e habilidades motoras 92, 1 184
cortesia, educação e 17, 132-35 *ver també* respeito
cozinhar *ver* alimentos e refeições; cozinh
cozinhas 35, 40, 80-82

Índice remissivo

ar laços 96, 97
...ntes, escovar os 90-91
...esenhar letras na areia 184-85
...spir-se e vestir-se 23, 42, 45, 92, 94-99
...sciplina e autodisciplina 79, 112, 124-27
...vórcio 116

...ucação e cortesia 17, 132-35
...noções 110-13, 180
...mpilhar
   blocos de 64
   formas geométricas 66
...uilíbrio, níveis de estimulação 57, 60
...uipamento de tamanho infantil 23, 40, 42,
     80, 100, 150-51, 158
...ros, aprender com os 80, 87
...vas aromáticas 61, 74, 150
...colas e professores 11, 13, 20-23, 198-201
   três estágios, lições em 178-79, 183-84
...covar os cabelos 90 ver também pentear os
   cabelos
...rever 17, 23, 185
...rever à mão 17, 23, 184
...ágios do desenvolvimento ver períodos
   sensíveis
...imulação, níveis de, e equilíbrio 57, 60
...ratégia das escolhas 120, 121, 122, 127,
   140
...ratégias para o "não" 121, 127
...resse, resposta ao 19, 121
...dos culturais 164-67
...mplos a seguir, pais como 79, 124, 134
...rcícios ver jogos e atividades
...oições
   de trabalhos de arte 37, 43, 47, 153
   estudos culturais 166
   natureza 45, 158-59

...ílias globais 164-67
...ar e habilidades com a faca 106-07
...es, sementes e lentilhas 61, 68-69, 104,
   105, 193-94
...dos 167
...as de aniversário 168-171
...as e jogos para festas 160-63, 168-71
...es 150-53
...uar e afundar 193
...tica, abordagem, para a leitura 23,
   182-87

forma e tamanho, jogos e atividades com
   64-67
fotográficos, rótulos 84
fraldas 29-30, 39, 93
funções executivas 196
futons 30, 39

g
garrafas
   atividade sensorial 61, 70, 74, 75
   de cheirar 61, 74
germinar sementes 193-94
grades de segurança 35, 39
guardiães da Terra 149, 153

h
habilidades com facas 106-07
habilidades domésticas ver habilidades
   práticas do dia a dia
habilidades motoras ver coordenação e
   habilidades motoras
habilidades práticas do dia a dia 12, 23,
   78-79
   casa, tarefas da 100-107 ver também
     habilidades específicas (p. ex.,
     varrer)
   demonstração de 80-83, 100-03, 132-35
hipocampo 19
histórias e livros 84, 123, 174, 175, 180-81

i
independência, desenvolvimento da 13,
   20-23, 33, 78-79, 127
interruptor de luz, extensores para o 43
introvertidos 130

j
jardinagem 150-53, 193-94
jogos e atividades
   artes e artesanato 43, 45-47, 153
   brincar com água 89, 92, 193
   ciência e descoberta 146-49, 192-95
   com cores 64-67, 178, 179
   de concentração 67
   do comando 178, 187, 196
   habilidades na hora das refeições 104-05
   jogos para festas 160-63
   palavras e números 178, 185, 187, 188,
     191 ver também natureza;
     brinquedos
   quebra-cabeças 17, 23, 53, 62, 66
   sentidos 17, 23, 52, 62, 64-75

l
lanches 40, 106-07
lápis, controlar e escrever com o 17, 23, 185
lavar a louça 103
lavar as mãos 89-90
lavar-se e tomar banho 89-90
ler 17, 23, 182-87 ver também histórias
letras, aprendizado das 23, 182-87
ligação afetiva 26, 27, 28
linguagem, período sensível para a 14-16,
   175
líquidos, verter 23, 42, 104-05
livros e histórias 84, 123, 174, 175, 180-81
lutas pelo poder ver conflitos e lutas pelo
   poder

m
magnetismo 192
massagem 26, 27
matemática 17, 57, 188-91
materiais e qualidade, brinquedos e
   utensílios 37-39, 87
meias, cultivar sementes grudadas nas 194
mesa de refeições, arrumar a 82
mielinização 92
mobiles 36, 37, 56
mobilidade, recém-nascidos e bebês 16, 32-33
Montessori, Maria
   escolas montessorianas 11, 13, 20-23,
     185, 198-201
   princípios montessorianos 11-13, 20-23,
     33, 78-79, 124, 146-49, 198-201
morte 116
móveis de tamanho infantil 13, 34, 39, 40-43
mudança 116
   na família 116-17
música 16, 37, 43, 56-57, 71

n
nascimento 24-25
natureza
   caminhadas 154-57
   estudo 193-94
   exibições e mostras 45, 158-59
   festas, jogos de 160-63
   jardinagem 150-53, 193-94
neurônios 19
números e barras de números 188-91

o
observar a natureza 147-49, 154-57
observar seu filho 48-49, 111

205

Índice remissivo

odores e olfato 53, 61, 74
olhar *ver* observar seu filho; visão e
estimulação visual
operacional, memória 196
ordem *ver* ambiente ordenado
organizações montessorianas 199, 204

p

padrões, reconhecimento de 57
pais insistentes 121, 174, 198
países do mundo, estudo dos 164-67
palavras descritivas 178
papel de lixa
letras de 182-85
retângulos de 72
parentalidade 6-7, 10-11, 110-13, 123
parental, estilo 113-15
passo a passo, aprendizagem 82-83
paz, mesa de 136-39
pega-pega (jogo da cadeia alimentar) 160-63
pentear os cabelos 90
pequenos cientistas 146, 147-49
percepção e relações espaciais 17, 23
período sensível 13-17, 23, 32-33, 53, 79, 174
personalidade 128-29
planeta Terra, guardiães do 149, 153
poço de água, jogo do 160-61
polir os sapatos 23, 103
prateleiras *ver* armazenamento
predador e presa (jogo do poço de água)
160-61
problemas, resolução de 197
ideias para atividades 197
professores *ver* escolas e professores
punições 110, 127

q

qualidade e materiais, brinquedos e
utensílios, 37-39, 87
quartos de dormir, camas e arrumação da
cama 30-31, 36-39, 43-45, 94
quebra-cabeças 17, 23, 53, 62, 66, 197

r

recém-nascidos e bebês
acalmar e sossegar o bebê 26
alimentação 28
brinquedos 37, 39
choro 110-11
comportamento 110-11

exploração do ambiente 29, 32-33, 35,
39
ligação afetiva 26-28
livros e histórias 122, 174, 175
massagem 26, 27
mobilidade 32-33
nascimento 24-25
pequenos cientistas 146, 147-49
quartos de dormir, camas e arrumação
da cama 30-31, 36-39
roupas e fraldas 29-30, 39, 92-93
sensível 26
sentidos e experiências sensoriais 26,
36-37, 54-61
sono 30-31
refeições *ver* alimentos e refeições
regras básicas 84, 89, 124-27, 140-41
regras familiares básicas 84, 89, 124-27,
140-41
respeito, respeito próprio e amor 110-13,
132-35, 149, 153
reuniões familiares 117, 197
rituais
na hora de dormir 122-23
na mesa de paz 136-39
nos aniversários 168-71
nos feriados 167
rotinas e rituais da hora de dormir 122-23
rótulos fotográficos 84
roupas
recém-nascidos e bebês 29-30
vestir-se e despir-se 23, 43, 45, 92, 94-99

s

sabores e paladar 57, 60, 74-75
saco misterioso 73
saguões 42, 98
sala da família 30-31, 40-41
sapatos 42-43, 96, 97, 99
engraxar os 23, 103
segurança 34-35, 61, 86, 89
sementes, feijões e lentilhas 61, 68-69, 104,
105, 193-94
sentidos e experiências sensoriais
jogos e atividades 17, 19, 23, 53, 58-62,
64-75
recém-nascidos e bebês 26, 36-37, 54-61
separação 116
silêncio, jogo do 70-71
sinos 61, 69, 70, 139

sistema nervoso, desenvolvimento do 53, 92,
93
smartphones 142
somas 190, 191
sono e a hora de dormir 30-31, 122-23
sons e audição
jogos e atividades 61, 63, 68-71
música 16, 37, 43, 56-57, 71
recém-nascidos e bebês 26, 57
soprar ar 195

t

tabelas de tintas coloridas e amostras 66-67,
179
tablets (aparelhos) 142
tapetes para definição das áreas de trabalho
e de jogos/brincadeiras 13, 20-21,
40-41, 84-85
tarefas do dia a dia *ver* tarefas práticas do dia
a dia
tato, sentido do 60, 72-73
tecidos, combinação de 72
teia da vida, jogo da 163
telefone, habilidades ao 133
televisão, tempo de 140-43
temperamento 128
tempo, cápsulas do 170, 171
Terra, guardiães da 149, 153
tesouros, cesta de 58-61
texturas, combinação de 72
tímida, criança 130
tirar o pó 103
torneiras 88-89
torre cor-de-rosa (empilhamento de cubos)
65
três estágios, lições em 178-79, 183-84

v

varrer o chão 101
vegetais 150
ver também armazenamento
verbos, jogo dos 187
verter líquidos 23, 42, 104-05
vestir-se e despir-se 23, 42, 45, 92, 94-99
vias neurais 19
visão e estimulação visual 36-37, 54-55, 57,
61, 64-67
visualização orientada 71, 122
vivo ou não vivo, jogo do 192-93
vocabulário 19, 62, 153, 175-79

Créditos

Título original em inglês: *How to Raise an Amazing Child – The Montessori Way*

Copyright © 2007, 2017 Dorling Kindersley Limited
A Penguin Random House Company
Copyright do texto © 2007, 2017 Tim Seldin

Este livro contempla as regras do Acordo Ortográfico da Língua Portuguesa.

Editora-gestora: Sônia Midori Fujiyoshi
Produção editorial: Cláudia Lahr Tetzlaff
Tradução: Fernando Gomes do Nascimento
Revisão: Depto. editorial da Editora Manole
Diagramação: Lara Editorial
Capa: Rubens Lima

Todos os direitos reservados.
Nenhuma parte deste livro poderá ser reproduzida, por qualquer processo, sem a permissão expressa dos editores.
É proibida a reprodução por fotocópia.

A Editora Manole é filiada à ABDR – Associação Brasileira de Direitos Reprográficos

Edição brasileira – 2018
Reimpressão – 2021

Direitos em língua portuguesa adquiridos pela:
Editora Manole Ltda.
Alameda América, 876 – Tamboré
06543-315 – Santana do Parnaíba – SP – Brasil
Fone: (11) 4196-6000
www.manole.com.br
https://atendimento.manole.com.br/

Impresso no Brasil
Printed in Brazil

CIP-BRASIL. CATALOGAÇÃO NA PUBLICAÇÃO
SINDICATO NACIONAL DOS EDITORES DE LIVROS, RJ

S466m
2. ed.

  Seldin, Tim, 1946-
    Método Montessori na criação dos filhos : guia prático para estimular a criatividade, a autoestima e a independência das crianças / Tim Seldin ; tradução Fernando Gomes do Nascimento. - 2. ed. - Santana do Parnaíba [SP] : Manole, 2018.
    208 p. : il.

    Tradução de: How to raise an amazing child : the Montessori way
    ISBN 9788520457047

    1. Montessori, Método de educação. 2. Pais e filhos. 3. Crianças - Formação. 4. Educação de crianças. I. Nascimento, Fernando Gomes do. II. Título.

18-49297
CDD-649.123
CDU: 649.1-055.1

Meri Gleice Rodrigues de Souza - Bibliotecária CRB-7/6439

UM MUNDO DE IDEIAS
www.dk.com

As ideias usadas neste livro são baseadas na experiência do autor como professor montessoriano e como pai e nas vidas e experiências das muitas famílias com as quais o autor manteve relação. Embora os métodos de Montessori venham sendo empregados com sucesso em escolas e residências há gerações, o leitor deve usar seu bom senso ao decidir o que deverá adotar para aplicação em sua própria família. Nem o autor, nem o editor são responsáveis ou podem ser legalmente responsabilizados por qualquer perda ou dano presumível decorrente de qualquer informação ou sugestão contida neste livro.

Referências

Referências para os quadros "O cérebro do seu filho":

p. 26 Perry, B (2000) 'Principles of neurodevelopment: an overview': a ChildTrauma Academy Presentation Series 1; No. 2, www.ChildTrauma.org.

p. 86 Coldwell J, Pike A, Dunn J (2006) 'Household chaos - links with parenting and child behaviour': Journal of Child Psychology and Psychiatry, Nov 2006.

p. 113 Piotrowski JT, Lapierre MA, Linebarger DL (2012) 'Investigating correlates of self-regulation in early childhood with a representative sample of English-speaking American families': Journal of Child and Family Studies, Apr 2013; 22(3): 423-436.

p. 122 Wilhelm I, Rose M, Imhof K I, Rasch B, Beeches C, Born J (2013) 'The sleeping child outplays the adult's capacity to convert implicit into explicit knowledge': Nature Neuroscience, 2013, 16, 391-393.

p. 145 The Dunedin Multidisciplinary Health and Development Study (DMHDS) - an ongoing, longitudinal study of 1037 New Zealanders from birth in the anos 1972-73.

p. 149 Wells, N M, Lekies, K S, (2006). 'Nature and the life course: pathways from childhood nature experiences to adult environmentalism': Children, Youth and Environments, 16 (1), 41663.

p. 177 Biemiller, A (2003) 'Vocabulary needed children are to read well': Reading Psychology 24 (3-4): 323-335.

p. 185 Lillard, A S & Else-Quest, N (2006) 'Evaluating Montessori education': Science Vol 313, Sept 2006.

Agradecimentos

Agradecimentos do autor

Este livro tem imensa dívida com cinco dos melhores educadores montessorianos que já conheci: Susan Stephenson, autora dos livros *The Joyful Child* e *Child of The World* e cofundadora da The Michael Olaf Company em Modesto, Califórnia; Susan Tracy, preparadora de adultos para trabalhar com estudantes Montessori mais jovens nas cercanias de Chicago, Illinois; K.T. Korngold, ex-aluna montessoriana, mãe montessoriana e escritora de talento que vive em Connecticut; e Jan Katzen-Luchenta e Terri Sherrill, duas talentosas educadoras, escritoras e consultoras Montessori que vivem respectivamente em Phoenix, Arizona e Orlando, Flórida. Suas ideias continuam a servir de inspiração para minhas próprias ideias e fazem com que meu conhecimento se expanda para além da minha própria experiência. Finalmente, agradeço calorosamente a fabulosa equipe de editores e designers da Dorling Kindersley em Londres e também os fotógrafos que tornaram o livro uma obra tão vívida.

Agradecimentos da editora

A editora agradece Emma Forge e Nicola Rodway pelo design original, Ann Baggaley e Nikki Sims pela leitura de provas e Sue Bosanko pelo índice remissivo. Também agradece a Jacqui, do Artful Dodgers, pelo empréstimo de equipamentos Montessori, Anna, do Sugar Bag Blue, pelos apetrechos, e Kevin Smith, Julianne Boag, Tor Godfrey e Sarah Webley pela ajuda na tomada das fotografias. Modelos: Chantal e Eden Richards, Danielle Rampton, Tom Offer, Sonny e Leon Halpenny, Lucius Waterman, Arianna Bellencin, Alessia Burke, Vanessa e Martha Coleman, Jessie e Cherry Eckel, Joanna e Imogen Key, Ben Houchen, Kevin Smith, Isabella e Alexander Moore-Smith, Amilia Rogers, Max Chidwick, Scarlett Sinclair, Joe Williams, Jessica Dopp, Max Newman-Turner, Findlay O'Brian, Poppy, Arthur e Delena McConnell Hunt, Sara, Andy e Lucy Kimmins, Jamie e Joseph Whiteaker, Esther e Sam duSalitoy, Julia, Chris, Rebecca e James Halford, Natalie e Holly Trumper, Amba e Ella Ritchie, Sian Munroe, John e Catherine McFarlane, Tania, William e Ella Stubbs, Alena Daley, Carol e Georgia Armstrong, Keisten Ralph, Marcia, Gemma e Will Gurney-Champion, Michael e Tom Noble, Sarah Webley, Mia e Amelie Nias, Madeline Banner, Heather Lewis, Oswin Moody, Matilda McCarthy, Rose Moss, Poppy e Lily Mille Tor Godfrey, Anna e Fred Fordham, Julianne Boa Isaac Gardner, Luc Drew, Emily Smith, Lily-Rose Spick, Sean O'Brien, Ella deVilliers, Emily Butche Catriona Roony, Darcy Zander, Freya Morrison, Anna Fitzgerald, Claudia Hurley, Ben Garard, Jar Chiradani, Patrick Willson, Maxim Georgiou, Wil Harris, Vishaka Thakrar, Toby Droy, Rocio Chaco Lucy Hawkins, Zoe Glasier, Sarah Bridgman, Hel Hatswell, Florence Hatswell, Louise Onikoyi, Fre Allison, Morgan de abril, Flora Morgan, Alex Ng, Elizabeth Fox, Rose Lally, Maria Lally, Arthur Fox Ollie Barnett, Georgia Barnett, Frazer Blaxland, Dawn Henderson e John Hughes.

Créditos das fotografias

A Dorling Kindersley deseja agradecer às seguin organizações pela permissão para reprodução d suas fotografias: 13 Library of Congress, Washington, D.C.: Harris & Ewing (br).
Todas as demais imagens © Dorling Kindersley Limited
Para mais informações, visite: www.dkimages.c